U0649370

Study on Mechanisms and Control Technologies for
Large Deformation in Completely Weathered Sandy Shale
Highway Tunnels

全风化砂页岩公路隧道
大变形机理及控制技术研究

翁贤杰　张上伟　古盛斌◎编著

人民交通出版社

北京

内 容 提 要

本书聚焦全风化砂页岩地层公路隧道大变形灾害防控的关键技术难题,依托典型工程实践,通过对室内试验、数值模拟、理论创新和工程验证的全链条研究,系统构建了全风化砂页岩隧道大变形控制技术体系。主要内容包括全风化砂页岩灾变机理深度解析、隧道大变形多场耦合演化机制、劈裂注浆加固技术、初期支护锁脚大管棚主动控制体系、隧道大变形控制工程实践及隧道仰拱变形、开裂治理工程实践。

本书可供从事隧道及地下工程灾害防治领域相关理论研究人员以及广大工程技术人员参阅,也可为高等院校隧道及地下工程相关专业的师生提供参考。

图书在版编目(CIP)数据

全风化砂页岩公路隧道大变形机理及控制技术研究／翁贤杰,张上伟,古盛斌编著. — 北京:人民交通出版社股份有限公司, 2025. 8. — ISBN 978-7-114-20516-3

Ⅰ. U459. 2

中国国家版本馆 CIP 数据核字第 2025A3B391 号

Quanfenghua Shayeyan Gonglu Suidao Da Bianxing Jili ji Kongzhi Jishu Yanjiu

书　名	全风化砂页岩公路隧道大变形机理及控制技术研究
著 作 者	翁贤杰　张上伟　古盛斌
责任编辑	谢海龙　刘国坤
责任校对	赵媛媛
责任印制	张　凯
出版发行	人民交通出版社
地　　址	(100011)北京市朝阳区安定门外外馆斜街 3 号
网　　址	http://www.ccpcl.com.cn
销售电话	(010)85285857
总 经 销	人民交通出版社发行部
经　　销	各地新华书店
印　　刷	北京建宏印刷有限公司
开　　本	787×1092　1/16
印　　张	8
字　　数	183 千
版　　次	2025 年 8 月　第 1 版
印　　次	2025 年 8 月　第 1 次印刷
书　　号	ISBN 978-7-114-20516-3
定　　价	92.00 元

(有印刷、装订质量问题的图书,由本社负责调换)

编 委 会

主编:翁贤杰(江西省交通投资集团遂大高速项目办、江西交通咨询有限公司)

张上伟(中铁十二局集团第一工程有限公司)

古盛斌(江西省公路桥梁工程有限公司)

委员:张龙生　魏金晶　梁　华　曾　武　高建平　危志全

蔡小东　翟耀红　王观阳　廖焕旺　郭　瑞　农振华

邓翔浩　李　磊　肖光电　薄振宇　熊　巍　陈　洵

前言

　　随着交通强国建设的深入实施，我国高速公路和铁路的规划建设正稳步推进。由于我国山地丘陵地貌广泛分布，隧道工程需求日益增长。据统计，截至2024年底，我国已建成公路隧道28724座、总长度32596.6公里，铁路隧道18997座、总长度24246公里。尽管现阶段施工技术取得了显著进步，使得隧道建设过程中的事故发生率维持在较低水平，但在各类地下交通工程，如城市地铁隧道、山岭隧道、海底隧道等的施工过程中，经常会遇到不良地质地层。在这类复杂地层中进行隧道施工，往往伴随着隧道大变形、塌方等事故灾害和安全隐患，其中隧道大变形一直是困扰工程技术人员的重大难题。

　　全风化砂页岩地层是隧道与地下工程建设过程中经常遇到的典型不良地质，其力学性能较差、结构较为松散、整体性弱，在施工扰动以及地下水作用下，极易引发隧道大变形等工程灾害。隧道大变形不仅会导致初期支护结构的破坏，如混凝土开裂剥落、钢拱架扭曲变形、仰拱开裂等问题，严重威胁施工人员的生命安全，导致工期延误和经济损失，还会造成地表沉降、坍塌等次生灾害，严重威胁隧道与地下工程建设安全。

　　全风化砂页岩隧道大变形灾害的有效防控取决于对大变形的精准预警与对全风化砂页岩地层的有效加固及支护。大变形精准预警的理论基础是对全风化砂页岩隧道大变形演化机理的研究，在大变形发生条件、变形前兆信息演化规律、变形过程中力学场与渗流场等多场演化规律、变形规模预测等方面的研究成果可有效支撑大变形的精准预警。当前，全风化砂页岩地层加固与支护的常用手段为注浆技术和初期支护锁脚大管棚等支护技术。其中，注浆是将胶结性注浆材料注入全风化砂页岩地层中，浆液经扩散、硬化、凝固，以填充、挤密、骨架等形式实现对地层的加固，提高地层的强度和稳定性，达到加固、防渗、堵水的目的，使全风化砂页岩地层满足隧道安全开挖对地层稳定性的要求；初期支护锁脚大管棚则是通过在初期支护脚部设置大管棚并注浆，增强初期支护沿隧道轴线方向的整体性，提高初期支护脚部附近软弱围岩的承载能力，从而有效限制围岩变形。全风化砂页岩地层加固与支护控制的理论基础是对注浆扩散与加固机理以及支护结构力学性能的研究,在全风化砂页岩地层注浆扩散模式、注浆扩散规律、注浆加固机制、注浆效果定量预测,以及初期支护锁脚大管棚支护结构受力特性、支护参数优化等方面的成果可有效支撑该地层的加固与支护,保障隧道在全风化砂页岩地层中的安全施工。

基于上述背景,本书对全风化砂页岩的蠕变特性、隧道大变形机理、劈裂注浆扩散规律与加固机理以及初期支护锁脚大管棚大变形控制技术等方面进行了系统分析与研究,并将研究成果应用于江西萍莲高速公路莲花隧道工程中,取得了良好的效果。

全书由翁贤杰统稿,编写主要分工为:第1、2章由翁贤杰(江西省交通投资集团遂大高速项目办、江西交通咨询有限公司)、梁华等编写;第3章由张上伟(中铁十二局集团第一工程有限公司)、翁贤杰等编写;第4章、第5章由翁贤杰、曾武等编写;第6章由古盛斌(江西省公路桥梁工程有限公司)、翁贤杰等编写;第7章由翁贤杰、张龙生(江西省交通投资集团遂大高速项目办、江西交通咨询有限公司)等编写;第8章由张上伟、古盛斌等编写。此外,江西省交通投资集团遂大高速项目办魏金晶、梁华、曾武、高建平、危志全、蔡小东、廖焕旺、陈洵等同志,中铁十二局集团第一工程有限公司翟耀红、郭瑞、农振华、李磊、薄振宇等同志,江西交通工程集团有限公司王观阳、邓翔浩、肖光电、熊巍等同志在本书完成过程中提供了方案编制、文稿撰写、现场测试等帮助和便利,在此一并感谢。

希望本书能够为隧道及地下工程领域的科研人员和工程技术人员提供有益的参考,助力解决工程建设中遇到的实际问题。由于作者水平有限,书中难免存在疏漏与不足之处,请广大读者不吝指正。

翁贤杰
2025 年 1 月于南昌

目录

第1章 绪 论

1.1 公路隧道大变形概述

近年来,随着国家交通强国战略的深入实施,我国正逐步推进高速公路、铁路的规划建设。根据交通运输部 2024 年 2 月 28 日发布的交通运输行业统计数据显示,截至 2024 年,我国铁路营业里程达 15.9 万 km,公路总里程达 544.1 万 km。我国山地丘陵地貌广布,公路和铁路的发展也相应地带动了隧道工程的建设与发展。现阶段施工技术的提高保证了隧道建设过程中较低的事故发生率,但是在地下交通工程(城市地铁隧道、山岭隧道、海底隧道等)施工过程中总会遇到地质不良地层,并往往伴随隧道变形、塌方等事故灾害和安全隐患,其中隧道大变形一直是工程技术人员所面临的一大难题。

隧道大变形事故灾害由来已久,早在工业革命时代的交通建设时期,隧道大变形事故造成的破坏和损失就已引起人们的关注。随着 20 世纪工业化的逐步推进,发生隧道大变形事故的案例也有明显增加,国内外专家学者针对这些工程案例开展研究,对隧道大变形的认识不断加深。根据现有案例,隧道大变形事故发生地点多位于高地应力围岩段和软弱破碎围岩段,在这种复杂的地质环境中,往往存在着地应力、地下水渗流等多场耦合的作用,而且隧道大变形的发展具有明显的时变性特征,因此对隧道大变形事故很难事前预测。隧道大变形除了具有不可预测性,事故本身也具有很强的破坏性。以我国建设的乌鞘岭隧道为例,隧道建设期间发生了大变形灾害,导致了隧道内部结构发生各种形式的破坏,例如初期支护混凝土出现开裂剥落、钢拱架扭曲变形、仰拱开裂等,部分区段的平均变形量达到 500mm,隧道从发生大变形到最终收敛稳定共持续 150d,其间,多次变更处治方案,增加了施工成本。江西省萍乡市到莲花县高速公路新建项目(以下简称"萍莲高速公路")路线总长度约 75.294km,其中隧道 5 座。在全风化砂页岩地层内,隧道累计穿越大小断裂带 23 个,断裂带及断裂影响带长度共计约 464m。其中,尤以莲花隧道地层条件最差,受断层发育影响,施工通过断裂带时,隧道成洞性差,容易掉块失稳;同时,这些破碎带基本均处于地下水富集带,施工过程中出现了围岩大变形、涌水突泥等地质灾害事故,如图 1-1、图 1-2 所示,导致工期延误,经济损失严重。

上述案例表明,大变形具有破坏性大、持续时间长、次生灾害多等特点,严重威胁着现场施工人员的安全,在延误工期的同时也造成了巨大的经济损失。而在修建隧道的过程中经常会穿越全风化砂页岩地层,该类地层力学性能较差,结构较为松散、整体性弱,在施工扰动及地下水作用下极易诱发大变形事故,因此研究全风化砂页岩隧道的大变形机理以及针对大变形的控制技术对于工程建设具有重要的指导意义。

图 1-1 莲花隧道拱顶大变形

图 1-2 莲花隧道突泥灾害

新奥法是隧道建设的一种常用方法。新奥法强调早封闭、早支护,在围岩变形还未充分发展时进行支护,对围岩变形进行控制。早支护虽能对松动的围岩进行控制,但在深埋隧道工程中,由于高地应力的存在使得围岩发生了蠕变,蠕变效应使得围岩挤压支护结构,仍可能发生大变形事故。隧道浅埋段由于地应力水平较低,因而在研究浅埋隧道大变形时往往弱化了围岩蠕变的影响,将大变形事故归因于围岩松散以及不良的地质条件。但围岩蠕变是一个长期过程,长期荷载作用下围岩蠕变导致初期支护受到挤压,增加了大变形灾害发生的概率,因而现阶段有必要开展考虑围岩蠕变效应的隧道大变形机理研究。

综上所述,在我国地下空间不断建设发展过程中,全风化砂页岩这一特殊地层极易发生大变形破坏,严重制约了我国地下交通工程的安全建设和发展。本书综合运用理论分析、室内试验、数学计算方法及数值模拟相结合的研究方法,结合工程实际,研究了全风化砂页岩劈裂压密注浆过程,分析了注浆工程控制参数和加固效果之间的联系,为全风化砂页岩地下施工灾害控制与注浆工程设计夯实了理论基础。

1.2 国内外研究现状

1.2.1 隧道大变形机理研究现状

太沙基(Karl Terzaghi)于 1946 年首次提出了挤出性岩石和膨胀性岩石的概念。受其影响,学术界将围岩大变形分为两类:一类是挤出类,认为隧道开挖后应力重分布超过了围岩强度,围岩出现塑性化。Anagnostou 认为挤压性大变形的发生主要取决于岩石强度及地应力水平和岩层厚度,当挤出条件满足时,各类岩石原则上均有可能发生挤出性变形。另一类是膨胀类,认为围岩内膨胀性物质与水发生反应引起其体积膨胀,从而引发大变形。Anagnostou 认为,发生膨胀变形的围岩强度一般较高,围岩变形灾害主要发生于隧道运营阶段,主要表现为底鼓。Aydan 等将围岩挤出的力学机制分为完全剪切破坏、弯曲破坏及剪切和滑动破坏三类。

陈宗基等认为大变形产生的机理主要包括 5 个方面,即塑性楔体、流动变形、围岩膨胀、扩容和层状岩体挠曲。姜云等在此基础上将大变形的形成演化机制总结为软弱围岩塑流、倾斜沉降变形和垂直沉降变形等方面。

当前国内学者依托实际工程对大变形灾害特征、发生机理等开展了一系列研究。刘志春等以乌鞘岭隧道工程为例,通过室内试验、现场量测等方法,分析了挤压性围岩隧道大变形的基本特征,分析了影响隧道塑性区的因素,提出了综合系数 α,采用综合指标判定法给出了大变形的分级标准。夏述光等以竹山隧道施工现场监测数据为基础,通过数据分析研究竹山隧道的变形破坏机理,得出爆破扰动导致绢云母片岩产生破碎,开挖后在应力重分布的影响下产生失稳破坏,进而导致隧道大变形事故。李刚等运用 FLAC 3D 数值模拟软件对变孔隙水压力条件下软岩隧道的位移场和应力场演化规律进行了研究,总结得出孔隙水压力对隧道稳定性具有显著影响。张治国等研究了渗流条件下深埋隧道围岩与衬砌的相互作用,研究结果表明,增加围岩的塑性半径和隧道径向位移与渗流水压力之间呈正相关。袁光明等以榆树矿井巷道为依托,利用 FLAC 3D 数值模拟软件对巷道的应力重分布及变形特征进行了分析研究,认为巷道顶板、底板以及两帮的不对称变形导致的底板应力集中和应力叠加是影响巷道稳定性的关键因素,并对此提出了处治大变形的耦合支护方案。陈秀义以关山隧道工程为背景,通过对隧址区内的工程地质、岩石成分、结构面特征以及地应力大小进行研究,得出隧道开挖引起的"释放荷载"是隧道发生大变形的主要因素。杨忠民等采用自主研制的隧道模型和监测装置开展了隧道大变形机理的相似模型试验,研究了隧道开挖过程中围岩应力与位移的演化规律,获得了隧道开挖过程中需要加强支护的重点位置。吴树元等以米拉山隧道工程为依托,通过对现场工程地质、当地气候以及施工工艺进行调查研究,得出隧道凝灰岩抗风化能力差和遇水易软化是围岩大变形的主要原因,施工工艺不当是围岩大变形的重要诱因。Bian 等以黄家寨隧道大变形灾害为背景,研究了水-岩耦合与大变形之间的关系以及岩石的矿物成分和微观结构,总结得出高地应力状态下岩石的塑性流动以及水-岩耦合的相互作用是产生隧道大变形的主要原因。张广泽等认为,隧道大变形的产生是由地应力场、地层岩性以及地质构造等多种影响因素共同作用的结果,并根据大变形发生的构造部位不同,将大变形分为断层型、断裂型、顺层型 3 种。Liu 等以某软岩巷道为例,结合工程地质条件、围岩性质以及支护方案,对巷道大变形机理以及大变形的破坏特征进行了分析研究,总结得出高地应力下围岩破碎、崩解性强以及支护不合理是此次大变形事故的主要原因。陈建勋等依托连城山隧道,基于隧道变形和支护受力的监测数据,分析总结了大跨径绿泥石片岩隧道大变形灾害的发生机制及主要特征,得出:(1)大变形的主要发生机制为拱部岩体黏聚力难以克服自重而产生不断向下的滑移和松动,以及墙脚和仰拱部位低强度应力比引起的软岩塑性流动;(2)大变形的主要特征为掌子面失稳、初期支护变形侵限破坏以及边墙下沉与仰拱回填隆起开裂等。

以上研究表明,穿越不同地层的隧道发生大变形的机理不同,而在隧道修建过程中经常穿越全风化砂页岩地层,该类地层在我国广泛分布,是一种易发生隧道大变形灾害的地层,但当前针对穿越这类地层隧道大变形机理的研究工作开展较少。因此,为更好地指导隧道工程建设,现阶段有必要开展全风化砂页岩隧道大变形机理的研究工作。

1.2.2　围岩蠕变特性研究现状

岩石的蠕变特性是影响岩土工程安全和稳定的一个重要因素,隧道岩爆、边坡失稳等众多工程灾害都与岩石的蠕变特性有关。因此,开展岩石的蠕变特性研究对指导工程建设具有重要意义。

不同地质条件下的岩石具有不同的蠕变特性。近年来,国内外许多专家学者通过开展蠕变试验并结合理论分析对各类岩石进行了研究,总结得出了不同岩石的蠕变特性和蠕变模型。伊藤(Ito)对花岗岩试样进行了数十年的蠕变试验,研究了花岗岩的蠕变特性。Okubo 等利用岩石流变仪对花岗岩和石灰岩等岩石进行蠕变试验,得到了相应的蠕变数据以及岩石加速蠕变阶段的蠕变曲线。陈宗基等对砂岩进行了 8400h 蠕变试验,提出了岩石的流变、扩容、松弛的理论概念。Maranini 等以 Cristescu 理论为基础,研究不同围岩压力对花岗岩蠕变特性的影响,得出了黏塑性本构方程。

朱合华和叶斌采用流变仪对干燥和饱和状态下的岩体试样进行了蠕变试验,探讨了含水率对其蠕变的影响规律。陈渠等对 3 种沉积岩开展了三轴蠕变试验,求得了软岩的蠕变系数。黄明通过开展三轴压缩蠕变试验,研究了不同含水率情况下泥质粉砂岩的蠕变特性,建立了考虑含水损伤的伯格斯(Burgers)蠕变模型。高焱等开展了不同含水率的全风化花岗岩的常规力学性能试验和单轴压缩蠕变试验,通过参数反演得到了全风化花岗岩的蠕变数值曲线。吕志涛等以龙泉山 1 号隧道围岩变形数据和相关试验资料为依托,利用 BP 神经网络联合 FLAC 3D 软件的方法,选择修正的伯格斯(Burgers)模型对岩体的蠕变参数进行反演,得到了较为合理的膨胀性围岩的蠕变参数。张涛等采用自制三轴蠕变仪,在恒定围岩压力条件下进行分级加载,完成了片麻岩三轴压缩蠕变试验,提出了含有广义开尔文(Kelvin)单元体的岩石蠕变模型。钱文喜等以九景高速公路隧道为依托,对泥质粉砂岩开展了单轴压缩蠕变试验,并采用 Cvisc 模型对蠕变试验数据进行了拟合处理,获得了相应的蠕变参数。邵珠山等对不同含水率状态的石英砂岩开展了单轴压缩蠕变试验,并结合声发射技术对岩石试样进行实时监测,总结得出了不同含水率状态下石英砂岩的蠕变失效形式、失效强度以及蠕变特性随含水率和应力水平的变化规律。宋勇军等开展了冻融循环条件下饱和红砂岩的分级加载、卸载三轴蠕变试验,研究了冻融循环对岩石蠕变行为的影响,建立了考虑冻融循环及蠕变损伤的冻融-损伤蠕变模型。王永岩等在西原模型的基础上引入了考虑温度、围岩压力的损伤变量,用非线性黏塑性元件替换黏塑性元件得到了能够反映温度、围岩压力对软岩蠕变特性影响的蠕变模型。张志强等对橄榄岩开展了常规压缩和不同围岩压力下的蠕变试验,研究岩石的蠕变特性,并建立了一个 7 元件非线性黏弹塑性模型用以描述其蠕变行为。孙晓明等以某巷道围岩为研究对象,对其开展了不同含水率状态下的单轴压缩试验及单轴蠕变试验,研究了含水率对岩石强度及蠕变特性的影响,并基于西原模型提出了新的损伤流变模型;同时,依据试验结果提出了一种新的非线性元件对岩石的加速蠕变阶段进行描述。

除了研究岩石的蠕变特性和蠕变模型,部分专家学者对围岩蠕变与隧道变形之间的关系进行了研究。研究结果表明,岩石蠕变是影响隧道变形的一个重要因素。本书研究内容为全风化砂页岩隧道大变形机理,由于全风化砂页岩属于软岩范畴,且当前缺少全风化砂页岩蠕变特性方面的研究,因此结合上述内容,现阶段有必要开展全风化砂页岩的蠕变特性研究,为隧道大变形机理研究提供理论依据。

1.2.3　软弱围岩注浆加固机理研究现状

在实际工程运用中,劈裂压密注浆加固工程能够给控制地下工程灾害提供比较有力的支持,自19世纪初以来,随着地下空间的不断开发,注浆加固技术作为一种简单有效的治理方法,越来越多地被运用于地下工程,有关注浆加固工程的基本理论研究也取得了较大的进步,各国学者从多个方面进行了诸多研究,并且取得了重要进展。

1)注浆扩散理论方面

地下空间注浆扩散理论发展到今天,是建立在各类基础力学理论基础上的,国内外学者主要研究了浆液的流动过程、被注介质的变形过程以及浆液的本构模型,在注浆扩散理论研究方面取得了一系列的进展。国内外学者关于注浆扩散的研究主要根据注浆扩散类型分为以下两个大类。

(1)劈裂注浆扩散理论方面。

截至目前,针对劈裂注浆扩散理论的研究尚不够深入,有关劈裂注浆扩散过程的理论研究也相对较少。相关学者通过试验研究证明,劈裂注浆是一个先压密后劈裂的动态过程。浆液在压力的作用下劈开被注介质,在被注介质中形成浆液劈裂通道,随着注浆的进行,劈裂通道的开度不断增大且浆液扩散距离不断增长,最终完成注浆。国内外学者经过大量试验,认为劈裂注浆过程中首先要经过压密,然后才会发生劈裂,由此研究了劈裂注浆过程中注浆压力和时间的关系。张伟杰等认为浆液属于宾汉流体,在此基础上做出假设,在劈裂注浆过程中,浆液的劈裂扩散通道是一次形成且在整个注浆过程中宽度不变,由此建立了初步的劈裂注浆扩散理论模型;张忠苗等建立了幂律型浆液劈裂注浆时各个注浆参数与浆液扩散距离的定量关系。邹金锋等研究认为,劈裂注浆在土体中形成的裂缝为均匀宽度裂缝,推导出了劈裂注浆的注浆压力沿裂缝长度的衰减规律。但是这些学者的研究仍存在很大的局限性,因为在他们的研究中,多是假设劈裂通道开度在劈裂注浆过程中没有发生变化,浆液扩散劈裂通道为一次形成,这种假设并不能够动态地描述劈裂注浆过程,并且忽略了浆液与被注介质的耦合,这与实际工况明显不符。在劈裂注浆劈裂应力研究方面,Marchi等、Alfaro等、Andersen等、Atkinson等研究了在劈裂注浆时,被注介质被压力劈裂时的破坏方式;邹金锋等研究了在Hoek-Brown强度准则下,劈裂注浆的劈裂应力在裂隙岩体中是如何变化的。张庆松等、张伟杰等为了能得到劈裂注浆时浆液扩散规律和被注地层地应力场的变化趋势进行了大量模型试验,在劈裂注浆起劈应力研究方面取得了很大的突破。

(2)压密注浆扩散理论方面。

经过国内外学者的研究,压密注浆的主要作用在于通过浆液压力作用,改变压密区地层的力学性质,提高压密区地层的力学性能,从而获得加固的效果。基于孔扩张理论,国内外学者做了很多研究。张忠苗等建立了基于水渗流和土体变形的考虑压密时效效应的饱和黏土压密注浆控制方程;王广国等研究了压密注浆影响范围、超孔隙水压力消散及地层抬升效应,分别给出了各自的近似求解公式;陈兴年等基于上海地区不同注浆工程,从宏观角度介绍了压密注浆的原理和技术优势;张忠苗等通过开展劈裂注浆室内模拟以及黏土压密注浆试验,得出结论,在整个黏土压密注浆过程中都必须考虑压滤效应。叶飞等研究了盾构隧道壁后注浆的压密效应,假设压密阶段浆体在土体中呈半球形扩张。但是以上学者只研究了注浆孔附近的地层压密效果。实际工程中,劈裂通道两侧土层被压密后的力学性能也获得了提高,加固效果明显,但目前国内外学者在对于劈裂通道两侧土层压密加固效应的研究方面仍存在空白。

2)注浆加固理论方面

国内外学者在注浆加固理论方面做了大量研究,多位学者通过多种手段证明了注浆加固地层的有效性,Hyung-Joon See 的研究表明了施加预应力和注浆加固是进行地下空间岩柱加固的有效方法;王刚通过数值模拟计算研究得到了注浆加固工程各参数与隧道围岩稳定性和隧道涌水量的关系。还有些学者通过室内注浆模拟试验,对比了注浆前后被注介质的宏观力学参数,证明了注浆加固对于增强岩体结构稳定性的效果。随着科技的进步,越来越多的高科技手段也被应用到注浆加固效果微观研究中,如杨米加等基于损伤力学的研究结果,得到了注浆加固的模型,并且研究了加固因子等各种参数对注浆加固效果的影响;王传洋等和巫尚蔚等引入分形理论及突变理论,通过大量的相似模拟试验,建立了破碎岩体加固界面特征与岩体稳定性的关系。

由于全风化砂页岩注浆加固过程在实际工程中受到众多因素相互影响,导致现阶段关于注浆加固效果方面的研究成果较少。另外,实际注浆工程工况复杂多变,至今仍没有针对全风化砂页岩注浆加固方面的定量计算研究。

1.2.4 围岩大变形控制技术研究现状

国内许多专家学者依托实际工程,从优化施工方法和支护措施两方面对隧道大变形控制开展了大量的研究。杨本生等在理论分析的基础上,采用以注浆锚索为主的锚注联合支护手段分阶段支护,解决了云驾岭矿井水平大变形问题。武建广等在同寨隧道、马家山隧道现场实践和试验的基础上提出了优化支护参数、注浆纳入工序化管理等控制措施。付迎春以胡麻岭隧道为依托,利用 FLAC 3D 数值模拟软件研究喷锚联合支护和掌子面预加固工法对隧道变形的影响,总结了不同工法开挖过程中围岩变形、塑性区分布等的变化规律。王兴彬以谷竹高速公路宴家隧道、关垭子隧道为例,研究含绢云母碳质片岩的隧道工法,通过现场试验验证表明三台阶法等施工方法能有效控制围岩大变形。李贵民以大变形机理为基础,研究制定了加大边墙轮廓曲率、预留变形量以及增强初期支护等控制措施,并进行了现场试验验证。赵志刚等以二庄科隧道为依托,分析总结了大断面浅埋黄土隧道的大变形破坏特征及原因,并对临时套拱、径向注浆以及地表超前预注浆等加固措施的作用效果进行了研究。张文康等以某煤矿软岩巷道大变形灾害为背景,研究了影响巷道围岩稳定性的因素以及底鼓机理,针对性地提出了"四高"锚杆支护、注浆锚索支护以及底板卸压的联合支护技术。Kong 等以如意隧道工程为背景,通过运用自主开发的 RFPA 2D 程序研究了开挖断面以及开挖方法对隧道大变形的影响,提出增加仰拱深度等措施可以解决软弱围岩隧道大变形问题。马栋等总结了丽香铁路、成兰铁路中多座高地应力软岩隧道的施工经验,得出预留变形量是预防大变形的重要基础,初期支护与掌子面的距离控制在一定范围内可对隧道收敛起到抑制作用。杨木高依托木寨岭隧道工程,对斜井及正洞施工中不同程度的大变形段进行分析,总结了不同程度大变形的支护理念,得出:(1)对于一般大变形段,可通过提高支护结构强度及刚度抑制大变形;(2)对于中等大变形段,需要在加强支护的基础上进一步采取径向注浆、加长加密锚杆等措施控制围岩大变形;(3)对于严重的大变形段,需要进行超前应力释放、长短锚固体系加固围岩、分层施作大刚度支护等综合措施控制隧道大变形。

当前隧道大变形控制技术多为事后控制,主要对已发生大变形事故的隧道断面进行加固补强,增强已开挖断面的开挖稳定性。若能将隧道大变形控制技术与隧道开挖过程相结合,则有助于提高隧道开挖的施工效率、施工的安全性及经济性。因此,现阶段开展隧道开挖过程中的大变形控制技术对于指导工程建设具有重要意义。

第2章　全风化砂页岩蠕变特性
室内试验研究

　　针对莲花隧道全风化砂页岩地层,开展了岩石物理性质研究,研究岩石的微观结构及崩解特性对其力学特性的影响。开展了考虑不同含水率状态下全风化砂页岩单轴压缩强度试验以及单轴压缩蠕变试验,通过改变岩石含水率、施加不同荷载获得其应变随时间的变化数据,得到不同含水率状态下岩石的蠕变规律。通过选用伯格斯(Burgers)蠕变模型描述岩石的蠕变行为,得出其在不同含水率状态下的各项蠕变参数,建立了不同含水率状态下的蠕变方程,为之后实现隧道大变形过程的数值模拟提供理论依据。

2.1　全风化砂页岩物理性质研究

　　岩石的物理性质影响着其工程性质,是影响隧道稳定性的关键因素。莲花隧道在施工期间曾多次发生隧道大变形,造成钢拱架扭曲、衬砌开裂、侵限等工程灾害。根据地质勘探资料显示,发生隧道大变形区段的围岩主要以全风化砂页岩为主,围岩较为松散,从掌子面的情况可以看出围岩节理裂隙广泛分布,掌握岩石的物理性质可以更好地解释并预测其某些力学行为,为分析其力学行为提供理论依据。

2.1.1　全风化砂页岩成分

　　从发生隧道大变形处围岩掌子面采集围岩样本,样本呈土黄色-褐色断层泥或断层角砾,条带状构造,试样内部存在沉积物。运用 Zeiss Axio Scope Al 偏反光显微镜和 Nikon Eclipse E200 偏光显微镜对样本进行观察,观察结果如图 2-1 所示。

　　岩石中角砾、碎斑呈棱角状-次棱角状,部分呈次棱角状-次圆状,砾(粒)径 $0.3 \sim 3mm$,少量达 $3 \sim 7mm$,成分为长英质岩石,主要由长石、石英组成。其中长石已变成次生黏土矿物,石英具重结晶或动态重结晶。角砾和碎斑一共约占矿物总含量的 40%。碎基由细小的岩石颗粒或矿物碎粒级碾压破碎的岩粉、黏土矿物组成,局部分布铁质。碎基充填分布于角砾、碎斑间。碎基约占矿物总含量的 57%。褐铁矿呈不规则形,粒径 $0.15 \sim 0.6mm$,约占矿物总含量的 3%。

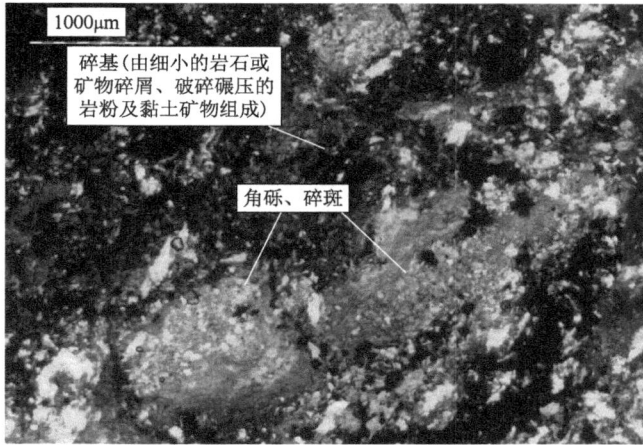

图 2-1　显微镜下岩石微观结构

2.1.2　全风化砂页岩崩解性

为研究全风化砂页岩的崩解性,需要采集较为完整的全风化砂页岩样本进行试验。从现场掌子面处观察看出全风化砂页岩较为松散,为取得完整试样需要在不同点处进行多次采集,故选择在掌子面和边墙处进行试样的采集工作。最后采集得到较为完整的试样长约20cm、宽约18cm、高约15cm。如图2-2、图2-3所示,试样含水率较高,其主要成分以土颗粒为主,内部分散有微风化岩石和黑色沉积物等物质,成分较为复杂。

图 2-2　隧道掌子面

图 2-3　掌子面试样

将试样放到容积为2L的塑料烧杯中并注入自来水,待水位没过试样顶部后观察试样的变化。试验开始后能观察到烧杯内的水面处有气泡冒出,试验进行至1h左右气泡消失,说明岩石内部结构较为松散,存在大量的孔隙和裂隙。试验进行过程中能观察到岩石表面有颗粒开始脱落,用木棒轻轻推动一下试样,与木棒接触的部分块体从试样上脱落,这表明在水的作用下试样松散程度增加,其整体性遭到削弱。试验进行至半小时,烧杯底部沉积了一层厚约5mm的颗粒物。试验共持续1.5h,试验结束后烧杯底部有一层厚约2cm的沉积颗粒以及部分未崩解的小石子(图2-4)。

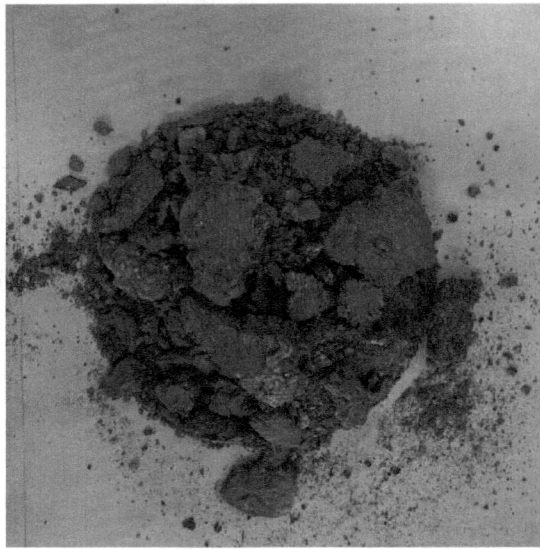

图 2-4　试样崩解沉积

通过试验可以得出,全风化砂页岩遇水易崩解,结构松散、完整性较差,在雨季或者富水环境下施工时,隧道内部容易出现围岩掉块脱落、塌方等事故,隧道外洞口附近的边坡容易出现滑坡灾害,影响正常的施工。

2.2　全风化砂页岩单轴压缩力学特性研究

通过开展全风化砂页岩单轴压缩试验,可以得到不同含水率状态下全风化砂页岩的强度、影响规律及其破坏模式,为开展全风化砂页岩的蠕变试验提供加载依据。

2.2.1　试样制备

按照《公路工程岩石试验规程》(JTG 3431—2024)的建议方法,采用圆柱体作为标准试样,直径为 50mm ± 2mm,高径比为 2∶1,因此此次试验采用直径 50mm、高 100mm 的圆柱标准试样。试样取自莲花隧道大变形段现场掌子面和边墙处,采用地质钻机钻取,地质钻机钻孔直径为 50mm,通过钻机取出的试样经均分后成为试验所用标准试样。为减少试样在运输途中的水分损失,在试样取出后用保鲜膜进行封装(图 2-5),并将试样放在定制的铝盒中运输,试样与铝盒的间隙用棉花泡沫进行填充,防止试样在运输过程中发生变形破坏。

试样运送到试验室后首先取出一块试样测其含水率,测得含水率为 20.35%。将该含水率作为天然含水率,其余试样放在试验室的阴凉处不脱模进行储存。

2.2.2　试验设备

由于试验试样较为松散,呈现类土状态,预测试样的抗压强度在 2MPa 以内,故选择 YSH-2型石灰土无侧限压力仪作为本次试验的试验仪器。

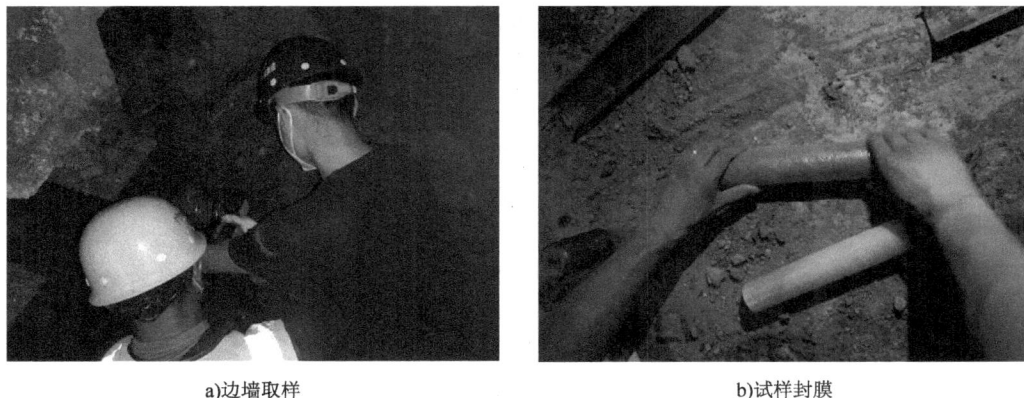

a)边墙取样　　　　　　　　　　　　　　　　b)试样封膜

图2-5　现场取样

该仪器由电机控制,通过电机转动带动顶重器进行加压,加压板每分钟推进1mm,直至试样发生破坏。加压板在加压过程中量力环中部的千分表实时显示试样的位移量,当试样发生破坏时,记录千分表的最终读数,通过换算得到试样的单轴抗压强度。

2.2.3　试验方案

为研究不同含水率状态下全风化砂页岩的强度,将试验试样共分为三组,每组2个试样并进行标号,三组的含水率分别为0、20.35%、29.18%。为获得不同含水率的试样,将三组试样分别进行处理。

将第一组试样放到干燥箱中进行干燥,温度设置为100℃,干燥时间为10h,保证试样水分完全蒸发。第二组采用天然含水率试样。在制备第三组试样前首先去掉其外部的保鲜膜测量质量并进行记录,称重结束将试样的四周和底部裹3~4层保鲜膜防止其水分蒸发,并计算试样达到目标含水率时的质量。为保证水分能在试样内均匀扩散,对试样采用间歇补水的方式进行加湿,用喷壶从试样顶部进行补水,每次补水10~15g,待水分从试样顶部扩散到试样内部后再进行下一次补水,每次补水结束后静置半分钟进行称重。重复上述操作直至试样达到目标含水率所需的质量。

2.2.4　试验结果

试验结果见表2-1。

无侧限单轴压缩试验结果　　　　　　　　　　　　表2-1

含水率 （%）	试样编号	单轴抗压强度（kPa）	
		试验值	平均值
0	A1	1075.21	1068.83
	A2	1062.45	
20.35	B1	300.17	320.17
	B2	—	
29.18	C1	199.72	201.44
	C2	203.16	

表 2-1 中,试样 B2 数据缺失,原因是试样 B2 在安装过程中出现了断裂破损,最终试验结果与试样 B1 相差较大,故舍弃试样 B2 的试验数据,最终得到全风化砂页岩的单轴抗压强度随含水率的变化曲线如图 2-6 所示。

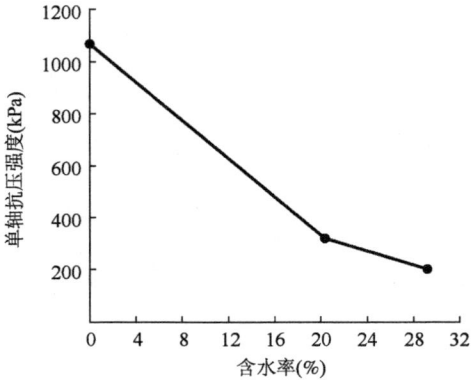

图 2-6　不同含水率试样单轴抗压强度

结合表 2-1 和图 2-6 可得,在干燥状态下,全风化砂页岩的单轴抗压强度值最大,达 1068.83kPa。含水率增高后,其抗压强度明显降低,试样在天然含水率时,抗压强度为 280.17kPa,当试样含水率达到 29.18% 时强度仅为 201.44kPa,较干燥状态时减小了约 81%。图 2-7 是试样 A1(含水率 0)和试样 C1(含水率 29.18%)试验结束后的破坏情况(试样 B1 破坏情况与试样 C1 相同)。

a)试样A1(含水率0)　　　　　　b)试样C1(含水率29.18%)

图 2-7　无侧限单轴压缩试验

由图 2-7 可得,试样处于干燥和湿润两种状态下的破坏模式不同,在干燥状态下进行试验时,可观察到在荷载作用下试样顶部出现了斜向的裂纹,试验过程中裂纹逐渐向下发展,裂纹发展方向与试样轴线方向成 30°,其间,部分块体从试样的周身上脱落,试样出现略微的膨胀,随着荷载的逐渐增大,试样最终破坏,形成了一个贯穿试样的 30° 断裂面,其破坏属于张拉剪切破坏。在湿润状态下进行试验,试样周身膨胀较为明显,在膨胀处和试样顶部出现了竖向裂纹,随着荷载的增大,顶部裂纹逐渐沿着竖向方向发展,最终与膨胀形成的裂纹贯通,试样发生破坏,形成一个与试样轴线平行的断裂面,其破坏属于张拉破坏。

分析两种不同状态下的试验结果,在湿润状态下岩石的抗压强度较低,发生变形时主要以塑性变形为主。相较于湿润状态,在干燥状态下,岩石具有相对较高的抗压强度,当岩石承受荷载较大时,容易发生脆性破坏。结合全风化砂页岩的崩解特性可得,在高含水率的情况下,岩石内部孔隙、裂隙发育,岩石内部颗粒之间的胶结力减小,导致了岩石整体性的削弱。在施加荷载后,岩石内部的裂隙逐渐贯通形成断裂面,最终导致了岩石的强度降低。

2.3　全风化砂页岩蠕变试验

岩石蠕变是一个长期的过程,当前主要通过开展岩石的蠕变试验研究岩石的蠕变性质。蠕变试验分为室内试验和原位试验。原位试验虽能较为真实地反应岩土体的蠕变性质,但是受试验条件的限制,这方面的工作开展得较少。相较于原位试验,室内试验在数据收集、过程观测、试验方式等方面具有较高的可操作性,因此通过完善试验方案、增加荷载的作用时间等方式也能使岩石产生蠕变,从而研究岩石的蠕变规律。本节根据现有条件开展全风化砂页岩的室内单轴压缩蠕变试验,研究其在不同含水率状态下的蠕变特性。

2.3.1　试验准备

1)试样制备

根据《水利水电工程岩石试验规程》(SL/T 264—2020)的建议,采用与2.2节单轴压缩试验相同的50mm×100mm的圆柱状标准试样,试样制备、运输过程与单轴压缩试验的试样制备、运输过程一致,在此不再赘述。

2)试验设备

试验设备主要包括加载设备和测量设备两部分。

由2.2节的内容可得,在干燥和湿润状态下全风化砂页岩的强度较低,为保证试样加载过程中不被破坏,试验加载设备选用三联单轴压缩流变仪(图2-8),该仪器可以实现试样的无侧限轴向加压。

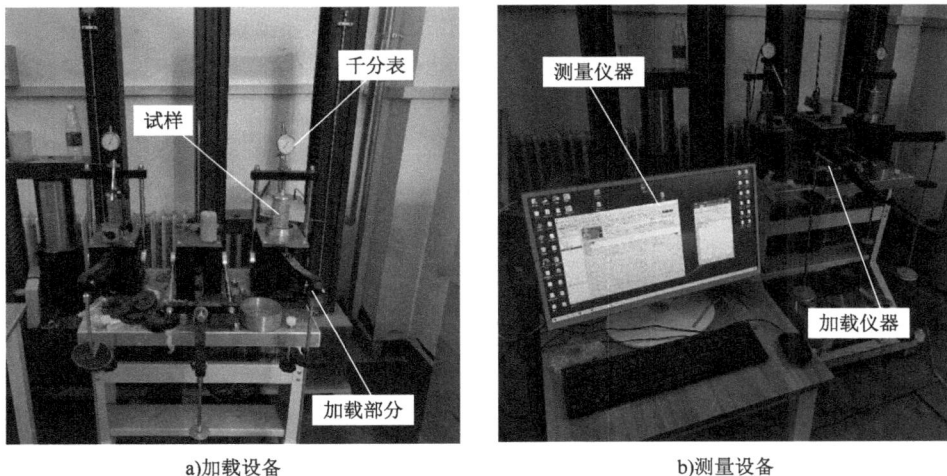

a)加载设备　　　　　　　　　　　　b)测量设备

图2-8　三联单轴压缩流变仪

其主要技术指标如下：

（1）最大载荷压力 4000kPa。

（2）最小载荷压力 12.5kPa。

（3）载荷臂 20∶1,24∶1。

（4）试验加载装置 3 套。

（5）最大试样面积 50cm²。

该设备的加载方式为手动加载,通过手动加载砝码实现对试样的加载,为提高试验效率,设备可允许 3 个试样同时进行试验。试验的测量设备为千分表,可测量试样位移,并将数据实时记录到电脑中。

2.3.2 试验方案

1）加载方式

蠕变试验加载方式主要有两种:一种为分别加载,另一种为分级加载。分别加载是指对于同一批次的多个试样,在试验环境、试验设备等试验条件完全相同的情况下,对试样施加不同荷载,分别获得试样在不同荷载下的蠕变试验数据。这种加载方式的优点比较符合蠕变试验所要求的条件,直接得到试样的蠕变全过程曲线。但是由于试验条件较为苛刻,不能同时进行多组试验导致试验效率较低,所以在试验中很少采用。分级加载是在一个试样上逐级施加荷载,当试样在一级荷载作用下变形趋于稳定时,或荷载作用时间达到预设时间后,即可施加下一级荷载。由于分级加载试验是在一个试样上进行多次加载,所以分级加载试验时间较长,数据连续性好,基本不会出现离散的数据点。为提高试验效率,本节采用分级加载方式,同时进行多个试样的单轴压缩蠕变试验。

2）试样处理

为研究含水率对全风化砂页岩蠕变特性的影响,需要确定试样含水率的取值。由于莲花隧道在雨季易发生大变形灾害,因此试样的含水率控制在 15% ~ 30% 之间,最终确定试样含水率分别为 15.80%、17.85%、20.35%、26.91%、29.18%。

（1）低含水率组试样(含水率为 15.80%、17.85%)制备方法:

在恒温恒湿的环境中选用一个天然含水率试样,对其进行脱模、称重,记录其质量后放在自然状态下进行风干处理,每隔 15min 记录试样质量,计算得出 15min 内试样的含水率变化规律。对要进行试验的试样进行同样的操作,通过控制风干时间达到控制试样含水率的目的。

（2）高含水率组试样(含水率为 26.91%、29.18%)制备方法:

采用喷壶补水的方式对天然含水率试样进行处理,提升其含水率,操作过程与 2.2.3 节相同。试样制备完成后进行编号,编号结果见表 2-2。

试样编号   表 2-2

含水率（%）	编号	含水率（%）	编号
15.80	H1	26.91	H4
17.85	H2	29.18	H5
20.35	H3		

3）试验步骤

由于采用分级加载，试验持续时间较长，因此在试验前需要将试样周身外侧包裹上多层保鲜膜以减少水分的蒸发，同时在试验过程中用喷壶对试样进行补水处理以保持试样含水率的稳定。

将试样安装在设备底座的中心位置，使试样的轴线与加载设备的荷载作用线重合，确保试样不受偏心力的作用而造成试样的破坏。

依据现有的研究成果，当砂岩所受荷载到达极限荷载的 12.5% ~ 80% 时就会发生蠕变。此次试验所用部分试样含水率较高，为保证在试验期间试样不会因荷载较高而发生瞬时破坏，选择含水率为 29.18% 的试样的单轴抗压强度作为此次试验的极限荷载。根据 2.2 节的内容，确定此次试验的极限荷载为 201.44kPa，共设置 38.2kPa、57.3kPa、76.4kPa、95.5kPa、114.6kPa 五级荷载，每一级荷载作用持续时间 52h，待试样变形进入稳定状态后加载下一级荷载。施加荷载时测量设备记录试样的瞬时位移值，前 6h 内每 0.5h 记录一次数据，6h 之后按照每 2h 一次的频率采集数据。

2.3.3　蠕变试验结果

1）典型岩石蠕变曲线

不同岩石具有不同的蠕变性质，当前国内外许多专家学者通过开展大量室内试验，研究了不同岩石的蠕变特点，得出了岩石在恒定应力 $\sigma = \sigma_0$ 作用下典型岩石蠕变曲线，如图 2-9 所示。

由图 2-9 可以看出，岩石的蠕变规律曲线主要分为 AB、BC 以及 CD 三个阶段，在岩石蠕变的三个阶段过程中，岩石的变形总量（应变）ε 主要由两部分组成：一部分是荷载施加瞬间岩石产生的瞬时弹性变形，在图 2-9 中表示为 ε_0；另一部分为岩石在荷载作用下产生的蠕变变形，在图 2-9 中表示为 $\varepsilon_{(t)}$。由此可得 $\varepsilon_{总} = \varepsilon_0 + \varepsilon_{(t)}$。

在岩石的三阶段蠕变过程中，OA 段为岩石的瞬时弹性变形阶段，在荷载加载的瞬间，岩石会产

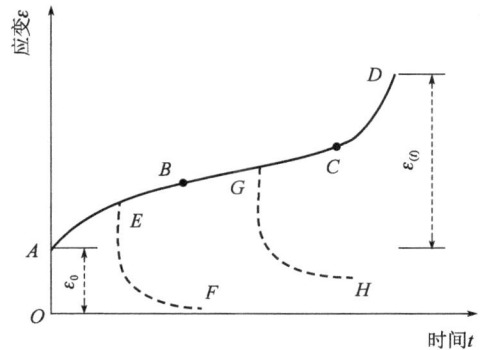

图 2-9　典型岩石蠕变曲线

生瞬时的弹性变形 ε_0，此时岩石还未发生蠕变；AB 段为岩石蠕变的初期阶段，此阶段岩石的蠕变曲线斜率逐渐减小，变形速率逐渐降低，因此该阶段也被称为岩石衰减蠕变阶段，该阶段的变形主要以弹性变形为主，当卸除荷载以后岩石的变形基本上会恢复；BC 段为稳态蠕变阶段，该阶段变形曲线近似为一条直线，斜率近似为一常数，变形速率基本不变，此阶段岩石会产生不可恢复的塑性变形；CD 段为加速蠕变阶段，该阶段为岩石蠕变的末期阶段，岩石变形曲线由直线变为向上弯曲的直线，曲线斜率急剧增大，岩石变形速率加快，在该阶段岩石可能会因变形加剧而出现破坏。

岩石的典型蠕变曲线反映了岩石从加载到破坏的全过程，不同种类岩石在不同的条件下会出现不同的蠕变行为。例如在低应力水平条件下，岩石会出现衰减和稳态两个阶段的蠕变

行为。当应力水平较高、超过岩石的长期强度后,岩石会出现第三阶段加速蠕变的特征,最终导致岩石发生破坏。本书将以岩石的典型蠕变曲线为基础,研究不同含水率状态下的全风化砂页岩的蠕变曲线,进而研究含水率对其蠕变行为的影响。

2)全风化砂页岩蠕变试验曲线及分析

此次蠕变试验在室温27℃进行,共对5组含水率不同的试样进行了单轴压缩蠕变试验,试验期间保持恒温恒湿,待一级荷载达到预设时间后进行下一级的加载。图2-10为5组不同含水率的全风化砂页岩试样的单轴压缩蠕变试验曲线,其中位移值以竖直向下为正。

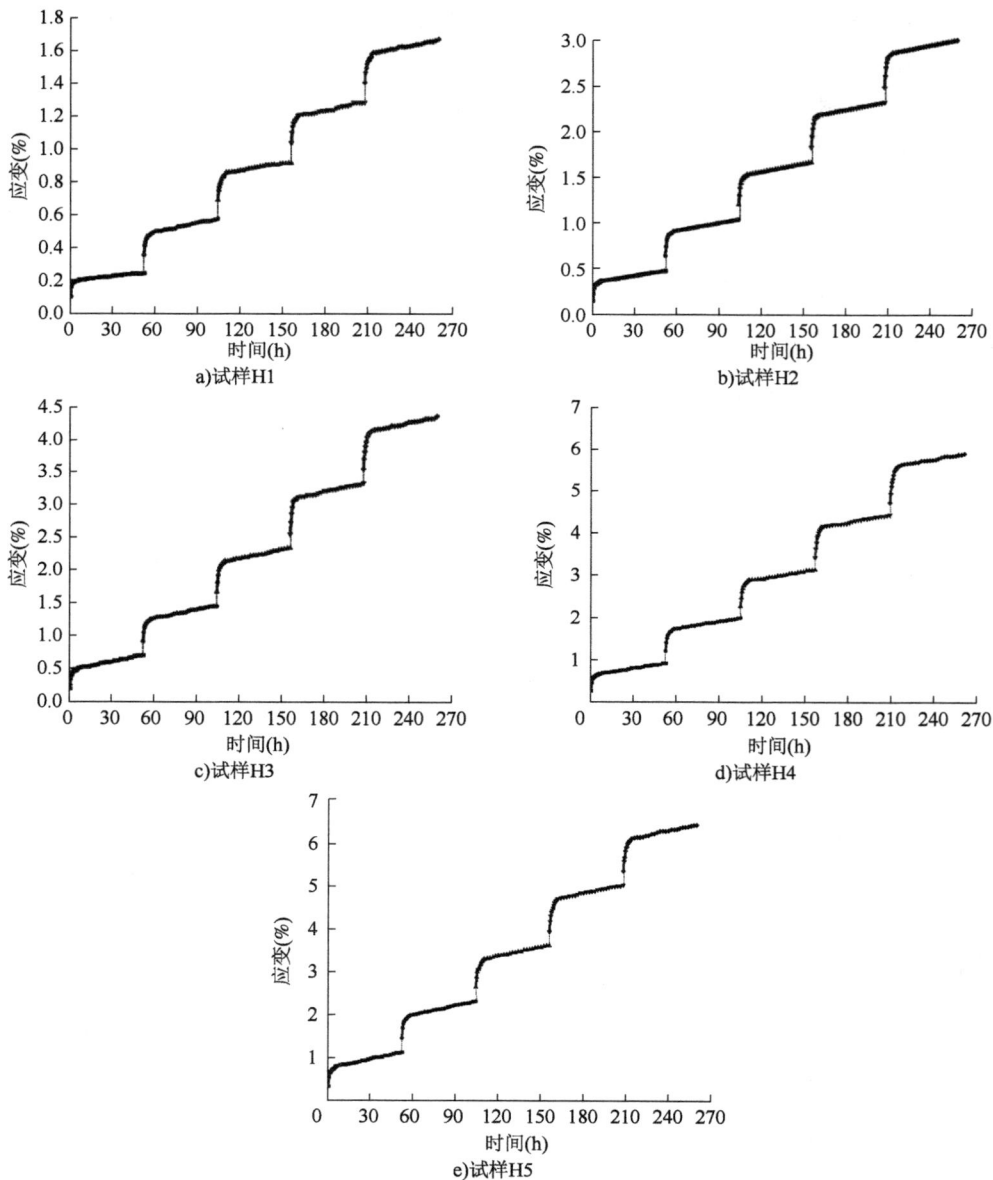

图2-10　全风化砂页岩试样的单轴蠕变试验曲线

　　根据蠕变试验的结果可以求解得出岩石的黏性系数、变形模量等各项蠕变参数。但由于采用分级加载的方式,需要对试验数据进行处理,得出每一级荷载作用下的岩石蠕变曲线。现阶段数据处理主要有 Boltzmann 叠加原理和陈氏加载法两种方式。

　　Boltzmann 叠加原理是一种线性叠加原理,该方法将试样的蠕变变形看作整个加载过程的函数,认为每一级荷载对试样的变形影响是独立的,因此试样最终的变形量为每一级荷载下变形量的线性叠加。对于线性材料,Boltzmann 叠加原理是处理数据的一种常用的方法,但是对于材料的非线性行为却无法很好地进行处理。陈氏加载法是由我国陈宗基教授提出的一种数据处理方法,该方法的原理如图 2-11 所示,对试样进行等级间距为 $\Delta\sigma$ 的梯级加载[图 2-11a)],假设 t_0 为每一级荷载加载的开始时间,t_1 为荷载进入稳态阶段的时间。当施加一级荷载时,试样在恒定荷载作用下从 t_0 到 t_1 产生蠕变变形,若试验进行至时间 t_1 时不施加下一级荷载,则试样此时将继续沿着虚线发展,因此对试样施加下一级荷载的作用效果是,发生了虚线与实线之间的附加变形,将此附加变形根据时间 $(t_0 - t_1)$ 划分出相应的蠕变增量 $(\Delta\varepsilon_0 - \Delta\varepsilon_1)$,将其叠加至第一级荷载 $(t_0 - t_1)$ 即可得到试样在下一级荷载作用下的蠕变曲线。继续进行梯级加载,按照相同的方法进行处理可以得到各级荷载作用下的蠕变曲线。该方法的优点在于通过采取适当的试验方案和技术得到完善的分级加载曲线,在分级加载曲线的基础上通过作图法得到真实变形过程的叠加关系曲线,该方法对于材料的线性和非线性行为都可以很好地进行处理,具有较好的适用性。

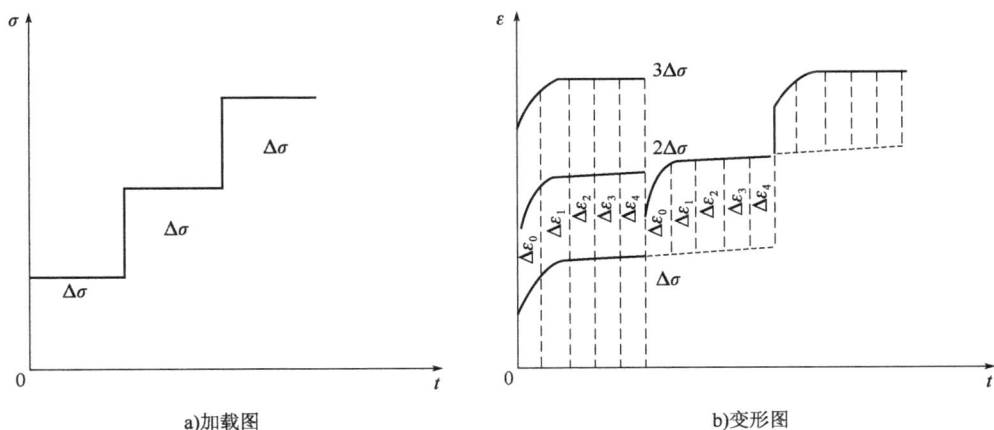

a)加载图　　　　　　　　　　　　b)变形图

图 2-11　陈氏加载法原理

　　现有研究表明,在应力水平较低的情况下,Boltzmann 叠加原理和陈氏加载法所得的结果相近。本书采用 Boltzmann 叠加原理对试验数据进行处理,处理结果如图 2-12 所示。

　　通过 Boltzmann 叠加原理处理后的数据图,结合蠕变试验所得的蠕变试验结果可得到表 2-3,该表显示了各试样在不同荷载作用下的瞬时弹性变形、稳态蠕变速率以及蠕变变形量等内容。

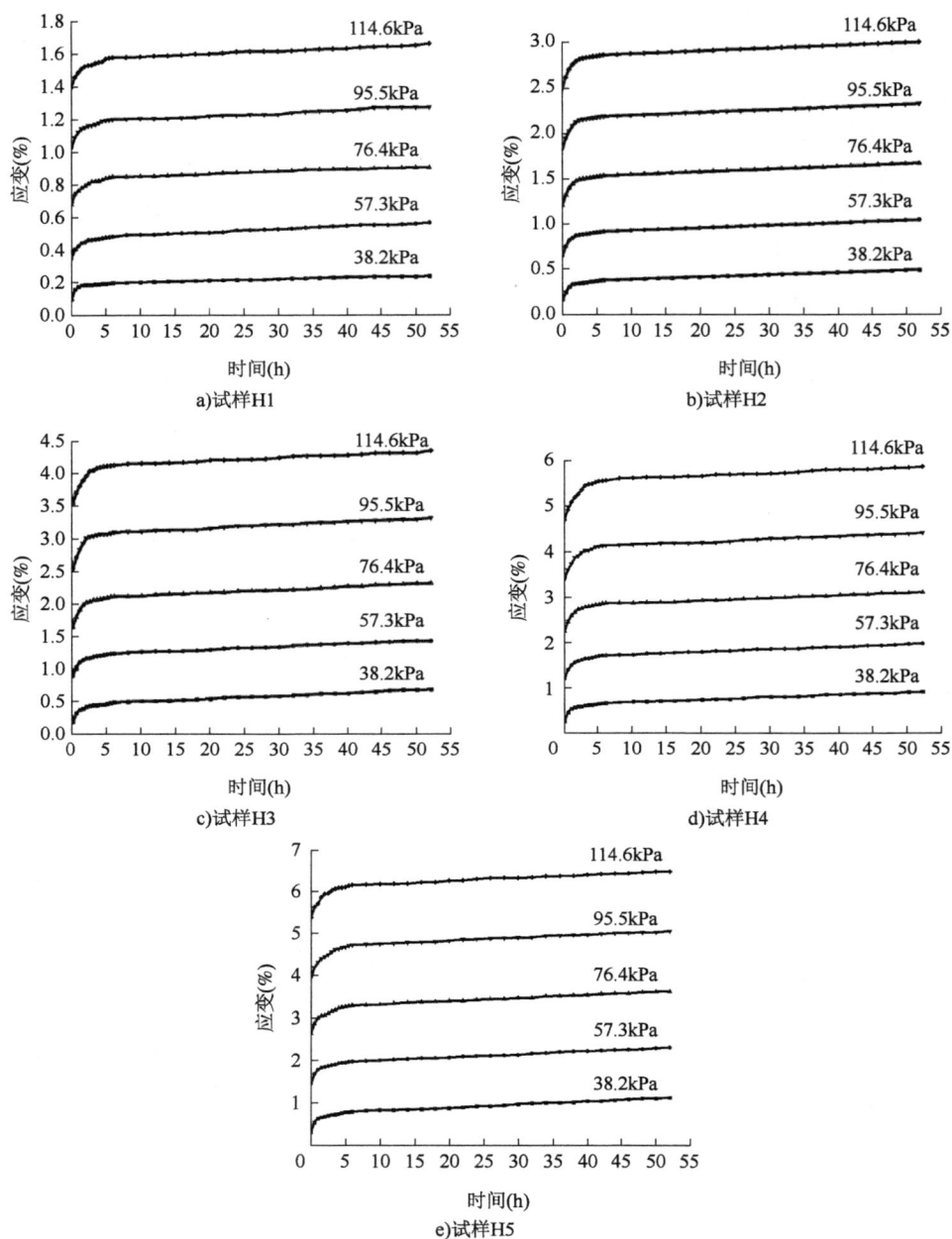

a)试样H1

b)试样H2

c)试样H3

d)试样H4

e)试样H5

图 2-12 叠加处理后应变-时间曲线

试样蠕变参数 表2-3

试样编号	荷载	瞬时弹性变形 （mm）	稳态蠕变速率 （mm/h）	蠕变变形量 （mm）
H1	一级荷载	0.102	1.06×10^{-3}	0.148
	二级荷载	0.105	1.62×10^{-3}	0.206

试样编号	荷载	瞬时弹性变形 （mm）	稳态蠕变速率 （mm/h）	蠕变变形量 （mm）
H1	三级荷载	0.109	1.68×10^{-3}	0.226
	四级荷载	0.110	1.72×10^{-3}	0.257
	五级荷载	0.114	2.27×10^{-3}	0.271
H2	一级荷载	0.159	2.96×10^{-3}	0.333
	二级荷载	0.161	3.10×10^{-3}	0.396
	三级荷载	0.163	3.23×10^{-3}	0.464
	四级荷载	0.164	3.42×10^{-3}	0.491
	五级荷载	0.169	3.60×10^{-3}	0.514
H3	一级荷载	0.194	4.75×10^{-3}	0.524
	二级荷载	0.197	4.93×10^{-3}	0.560
	三级荷载	0.199	5.16×10^{-3}	0.681
	四级荷载	0.202	5.37×10^{-3}	0.793
	五级荷载	0.204	5.50×10^{-3}	0.825
H4	一级荷载	0.270	6.54×10^{-3}	0.659
	二级荷载	0.276	7.03×10^{-3}	0.731
	三级荷载	0.277	7.15×10^{-3}	0.867
	四级荷载	0.280	7.70×10^{-3}	1.018
	五级荷载	0.284	8.16×10^{-3}	1.176
H5	一级荷载	0.321	8.72×10^{-3}	0.800
	二级荷载	0.324	8.84×10^{-3}	0.861
	三级荷载	0.328	9.05×10^{-3}	0.974
	四级荷载	0.331	9.26×10^{-3}	1.130
	五级荷载	0.410	9.38×10^{-3}	1.204

根据试样的蠕变试验曲线、结合岩石典型蠕变曲线以及表2-3,可以看出试样蠕变存在以下几个方面的规律:

(1)此次试验设置的荷载水平较低,试样在加载全过程中仅存在衰竭蠕变和稳态蠕变两个阶段,未出现加速蠕变阶段,且不同试样在不同荷载下进入稳态蠕变阶段的时间不同,含水率越高、荷载水平越高,则试样进入稳态阶段所需要的时间越长。例如试样 H1 在一级荷载作用下进入稳态蠕变阶段的时间约为 90min,在二级荷载作用下进入稳态蠕变阶段的时间约为 130min;试样 H5 在一级荷载作用下进入稳态蠕变阶段的时间约为 120min,在二级荷载作用下进入稳态蠕变阶段的时间约为 190min。

(2)同一试样在不同等级的荷载下其稳态蠕变阶段的蠕变速率(稳态阶段的平均蠕变速率)不同,除个别数据离散外,蠕变速率会随着荷载的增加逐渐加快。以试样 H1 为例,在一级荷载作用下,其稳态阶段的蠕变速率为 1.06×10^{-3} mm/h,二级荷载作用下为 1.62×10^{-3} mm/h;不同试样在相同等级荷载下其稳态蠕变阶段的蠕变速率不同,例如,在一级荷载下,试样 H4 的稳态蠕变阶段的蠕变速率为 6.54×10^{-3} mm/h,试样 H5 的稳态蠕变阶段的蠕变速率为 8.72×10^{-3} mm/h。

(3)不同试样在不同荷载阶段的蠕变量不同。该值会随着荷载水平以及含水率的增加而增大。例如试样 H1 在一级荷载作用阶段的蠕变量为 0.148mm,在二级荷载作用阶段的蠕变量为 0.206mm;试样 H5 在一级荷载作用阶段的蠕变量为 0.800mm,在二级荷载作用阶段的蠕变量为 0.861mm。

2.3.4 试验结果分析

现有研究表明,含水率和荷载是影响岩石工程特性和蠕变特性的重要因素。为研究含水率对全风化砂页岩的蠕变特性的影响,下面将根据上一节单轴压缩蠕变试验的结果进行分析,研究不同含水率以及不同荷载状态下的岩石蠕变行为。

1)含水率对蠕变行为的影响

为研究含水率对岩石蠕变的影响,需要在荷载相同的情况下对试验结果进行对比分析,图 2-13 是在荷载相同的情况下各个试样的蠕变曲线图。

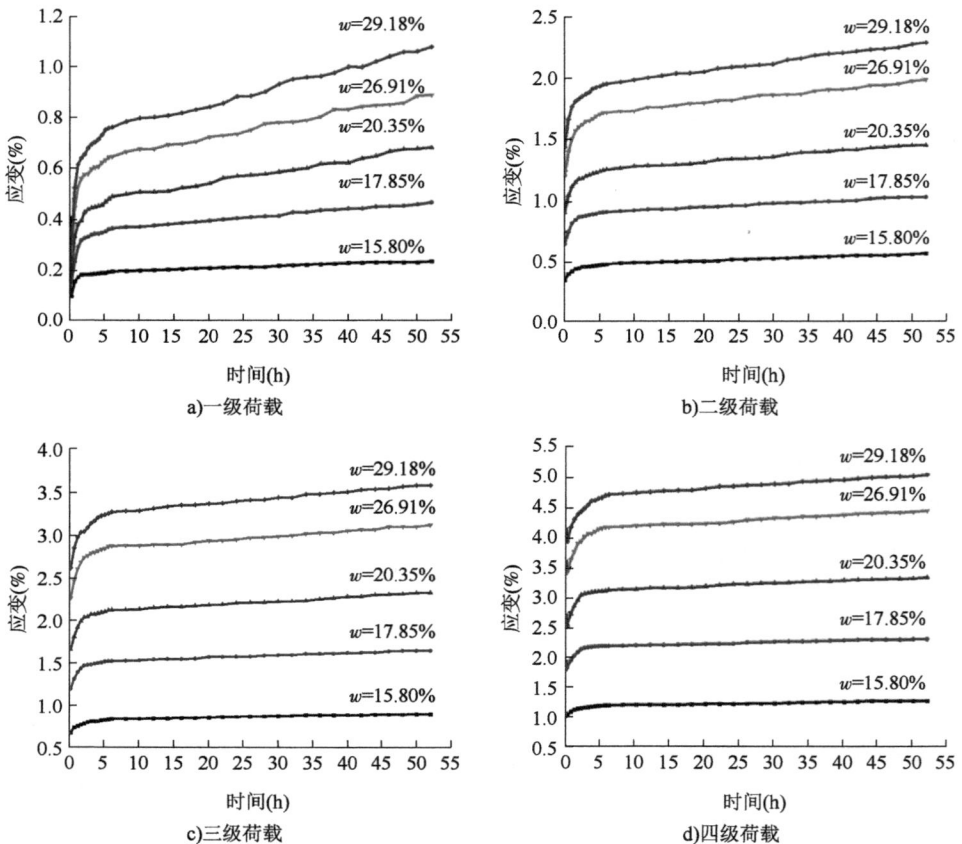

a)一级荷载

b)二级荷载

c)三级荷载

d)四级荷载

图 2-13

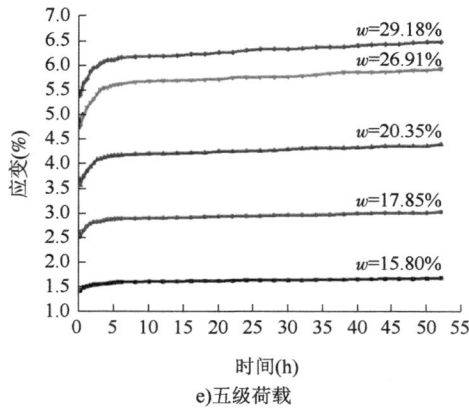

e)五级荷载

图 2-13　相同等级荷载下试样蠕变曲线

　　根据图 2-13 并结合表 2-3 可以看出,试样在不同含水率下具有不同的蠕变特性。在含水率不同的情况下,试样在加载瞬间的弹性应变值不同,试样的瞬时弹性应变值会随着含水率的增大而增大。例如,在一级荷载的作用下,试样 H1(含水率 $w = 15.80\%$)的瞬时弹性应变为 0.102%,而试样 H5(含水率 $w = 29.18\%$)的瞬时弹性应变值则为 0.321%,且含水率较高的试样其瞬时弹性应变占该阶段总的应变量的比值较低。例如,在一级荷载作用下,试样 H1 的瞬时弹性应变约占该阶段总应变值的 68.9%,试样 H5 约为 40.12%。分析原因,这是由于试样在含水率较高的情况下,其内部微观颗粒之间的胶结力、摩擦力等相互作用力减弱,在加载瞬间试样内部的颗粒之间发生滑移、移动,变形量较低含水量时要大,宏观上表现为瞬时弹性应变的增大以及总的应变量的增加。

　　除此之外,还能观察到试样在不同含水率的状态下衰减蠕变阶段的持续时间不同。以一级荷载作用情况下为例,含水率较低的试样 H1(含水率 $w = 15.8\%$)在荷载作用下衰减阶段持续了约 90min,90min 后试样进入稳态蠕变阶段。而试样 H5(含水率 $w = 29.18\%$)则在衰减蠕变阶段持续了约 150min。由于水的存在使试样内部孔隙的贯通,试样需要更长的时间进行内部颗粒调整重组、孔隙的闭合,因此含水率较高的情况下试样的衰减蠕变阶段持续时间较长。此外,进入稳态蠕变阶段后,试样在稳态阶段的蠕变速率会随着含水率的提高而增加。例如在一级荷载的作用下,含水率较低的试样 H1 在稳态阶段的蠕变速率为 1.06×10^{-3} mm/h,而含水率较高的试样 H5 在该阶段的蠕变速率为 8.72×10^{-3} mm/h。从试验结果数据上来看,进入稳态蠕变阶段以后,不同含水率的试样虽存在一定的蠕变速率,但是蠕变速率较低,在稳态蠕变阶段后期,低含水率的试样蠕变速率接近于零,高含水率的试样蠕变速率逐渐降低。

　　2)荷载水平对蠕变行为的影响

　　通过对比分析图 2-12 可以看出,在含水率相同的情况下,试样的瞬时弹性应变随着荷载水平的变化而变化,荷载水平越高其瞬时弹性应变值越大。如试样 H1,在一级荷载作用下其瞬时弹性应变值为 0.102%,在二级荷载作用下为 0.105%,三级荷载作用下为 0.109%。试样 H2 在一级荷载作用下瞬时弹性应变值为 0.159%,二级荷载作用下为 0.161%,三级荷载作用下为 0.163%。除了瞬时弹性应变以外,试样的蠕变量也会随着荷载的增加而增大。试样 H1 的蠕变变形量由一级荷载下的 0.148mm 增加到五级荷载下的 0.271mm,增加了约 83.1%。同样地,试样 H2 蠕变变形量在每一级的加载过程中都会有所增加,最后一级的荷载作用下的蠕变变形量相较于一级荷载增加了约 54.4%。

除此之外,通过观察分析五组试样的图片和试验数据可以看出,在同一含水率的情况下,荷载水平影响其衰减蠕变阶段的持续时间,例如,试样 H1 在一级荷载作用下衰减蠕变阶段持续时间约为 90min,在二级荷载作用下约为 130min,在三级荷载作用下约为 170min,在四级荷载作用下约为 210min,在五级荷载作用下约为 260min,从一级荷载到五级荷载,随着荷载水平的提高,试样的衰减蠕变阶段的持续时间越长。观察试样稳态蠕变阶段的蠕变速率数据可以看出,在荷载水平增加的情况下,试样的蠕变速率有所增加,但增幅较小,以试样 H1 为例,试样在稳态阶段的蠕变速率由一级荷载情况下的 1.06×10^{-3} mm/h 增加到五级荷载的 2.27×10^{-3} mm/h,但在稳态蠕变阶段后期,各个荷载阶段的蠕变速率都趋近于零。

2.4 考虑含水率的全风化砂页岩蠕变模型创建

通过上一节对试样单轴压缩蠕变试验结果的分析可以得出含水率对全风化砂页岩蠕变特性具有显著影响,在长期荷载作用下岩石的蠕变行为与其含水率之间存在相关性,为更好地描述全风化砂页岩的蠕变行为,本节将从基本蠕变模型中选择合适的模型,对其进行优化改进,建立起考虑含水率的全风化砂页岩蠕变方程,以便后续开展大变形机理的数值模拟工作。

2.4.1 基本蠕变模型

岩石在长期荷载作用下产生蠕变现象,在此过程中岩石可能会出现瞬时弹性、瞬时塑性、黏弹性以及黏塑性等性质,为了能较好地描述试样的蠕变行为,岩石蠕变模型的建立一般需要对三个基本元件进行串并联组合,如图 2-14 所示,三个基本元件分别是弹性元件(胡克体 H)、塑性元件(圣维南体 V)、黏性元件(牛顿体 N)。

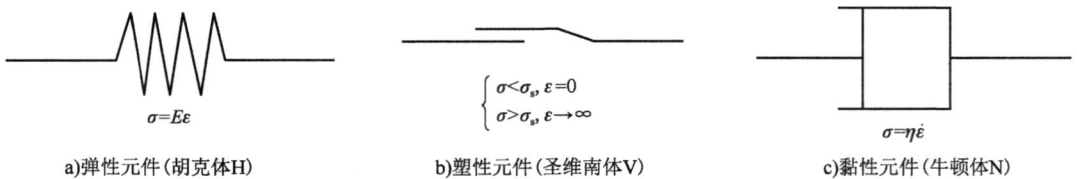

a)弹性元件(胡克体H)   b)塑性元件(圣维南体V)   c)黏性元件(牛顿体N)

图 2-14   岩石蠕变模型基本元件

三个基本元件在串并联时遵循串联原则与并联原则。串联原则:各个串联元件的应力相同,组合后的总应变为各个元件的应变之和。并联原则:各个并联元件的应变相同,组合后的总应力为各个元件的应力之和。根据上述原则,通过对这三个基本元件对进行串并联组合可以得到马克斯威尔(Maxwell)模型、开尔文(Kelvin)模型、伯格斯(Burgers)模型等黏弹性模型以及宾汉姆(Bingam)模型、西原模型等黏塑性模型,以下介绍常见的几种蠕变模型。

1)Maxwell 模型

Maxwell 模型是由一个弹性元件和一个黏性元件串联而成,其力学模型及蠕变特性曲线如图 2-15 和图 2-16 所示。

图 2-15　Maxwell 力学模型

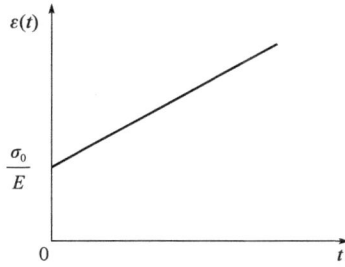

图 2-16　Maxwell 蠕变特性曲线

其本构方程为:

$$\dot{\varepsilon} = \frac{1}{E}\dot{\sigma} + \frac{1}{\eta}\sigma \tag{2-1}$$

式中:$\dot{\varepsilon}$——应变的变化率;

E——胡克体弹性模量;

$\dot{\sigma}$——应力的变化率;

η——牛顿体黏滞系数。

在应力 $\sigma = \sigma_0$ 不变的情况下,其蠕变方程为:

$$\varepsilon(t) = \frac{1}{E}\sigma_0 + \frac{1}{\eta}\sigma_0 t \tag{2-2}$$

2)Kelvin 模型

Kelvin 模型是由一个弹性元件和一个黏性元件并联而成,其力学模型及蠕变特性曲线如图 2-17 和图 2-18 所示。

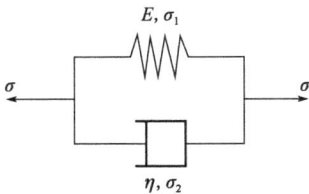

图 2-17　Kelvin 力学模型

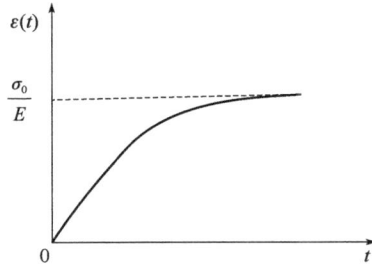

图 2-18　Kelvin 蠕变特性曲线

其本构方程为:

$$\sigma = E\varepsilon + \eta\dot{\varepsilon} \tag{2-3}$$

在应力 $\sigma = \sigma_0$ 不变的情况下,其蠕变方程为:

$$\varepsilon(t) = \frac{\sigma_0}{E}\left(1 - e^{-\frac{E}{\eta}t}\right) \tag{2-4}$$

3)Burgers 模型

Burgers 模型由一个 Maxwell 体与一个 Kelvin 体串联而成,其力学模型及蠕变特性曲线如图 2-19 和图 2-20 所示。

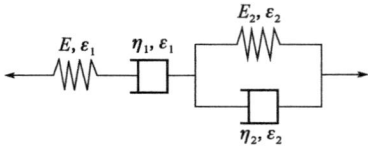

图 2-19　Burgers 力学模型

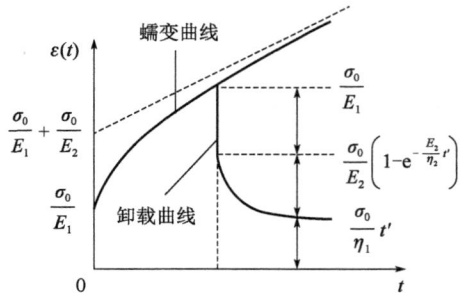

图 2-20　Burgers 蠕变曲线

其本构方程为:

$$\sigma + \left(\frac{\eta_1}{E_1} + \frac{\eta_2}{E_2} + \frac{\eta_1}{E_1}\right)\dot{\sigma} + \frac{\eta_1\eta_2}{E_1E_2}\ddot{\sigma} = \eta_1\dot{\varepsilon} + \frac{\eta_1\eta_2}{E_2}\ddot{\varepsilon} \tag{2-5}$$

式中:$\ddot{\sigma}$——应力速率的变化率;

E_1、E_2——Maxwell 和 Kelvin 体的弹性模量;

$\ddot{\varepsilon}$——应变速率的变化率;

η_1、η_2——Maxwell 体和 Kelvin 体的黏滞系数。

在应力 $\sigma = \sigma_0$ 不变的情况下,其蠕变方程为:

$$\varepsilon(t) = \frac{\sigma_0}{E_1} + \frac{\sigma_0}{\eta_1}t + \frac{\sigma_0}{E_2} \tag{2-6}$$

4)西原模型

西原模型是由一个胡克体、Kelvin 体和理想黏塑性体串联而成,其中理想黏塑性体中的塑性元件存在阈值 σ_s,其力学模型如图 2-21 所示。

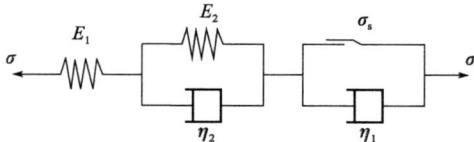

图 2-21　西原体力学模型

其本构方程为:

当 $\sigma < \sigma_s$ 时

$$\sigma + \frac{\eta_2}{E_1+E_2}\dot{\sigma} = \frac{E_1E_2}{E_1+E_2}\varepsilon + \frac{E_1\eta_2}{E_1+E_2}\dot{\varepsilon} \tag{2-7}$$

当 $\sigma \geqslant \sigma_s$ 时

$$\ddot{\sigma} + \frac{E_1\eta_1 + E_1\eta_2 + E_2\eta_1}{\eta_1\eta_2}\dot{\sigma} + \frac{E_1E_2}{\eta_1\eta_2}(\sigma - \sigma_s) = E_1\ddot{\varepsilon} + \frac{E_1E_2}{\eta_2}\dot{\varepsilon} \tag{2-8}$$

其蠕变方程为:

当 $\sigma < \sigma_s$ 时

$$\varepsilon(t) = \frac{\sigma_0}{E_1} + \frac{\sigma_0}{E_2}\left(1 - e^{-\frac{E_2}{\eta_2}t}\right) \tag{2-9}$$

当 $\sigma \geqslant \sigma_s$ 时

$$\varepsilon(t) = \frac{\sigma_0}{E_1} + \frac{\sigma_0}{E_2}\left(1 - e^{-\frac{E_2}{\eta_2}t}\right) + \frac{\sigma - \sigma_s}{\eta_1}t \tag{2-10}$$

除了上述四种常用的蠕变模型以外,还有 Bingham 模型、广义 Kelvin 模型等模型,表 2-4 是几个常用蠕变模型的适用范围。

蠕变模型适用范围　　　　　　　　　　　　　　表 2-4

蠕变模型	蠕变性质	适用岩体
Maxwell 模型	黏弹性	深埋岩石
Kelvin 模型	黏弹性	一般岩石
Burgers 模型	黏弹性	软土体
西原模型	黏弹塑性	软岩石
Bingham 模型	黏弹塑性	黏性土、半坚硬岩

2.4.2　全风化砂页岩适用蠕变模型分析

岩石蠕变模型的选取需要结合室内试验结果与现场实测,真实反映岩石的蠕变特性。选择合适的蠕变模型可以更好地指导实际工程。现阶段主要有以下两种方法来确定岩石的蠕变模型。

1）直接筛选法

直接筛选法是一种根据岩石的应变-时间曲线的特征进行模型识别的方法,岩石的应变-时间曲线通常通过试验或者现场监测获得。通过对岩石的应变-时间曲线进行观察分析找出曲线存在的变化特征,对这些变化特征加以分析得出岩石可能存在的性质,最后将总结得到的岩石性质特征与现有模型进行对比识别确定最终的蠕变模型。

2）后验排除法

与直接筛选法不同,后验排除法首先假定岩体的计算模型,然后再通过与现场实测结果进行对比分析,利用现场结果对假定的计算模型进行校验,对假定模型进行修改更正,一步一步排除不合理的计算模型,进而获得合理的岩石蠕变模型。

一般来说,在进行模型选取的时候通常将两种方法结合起来使用可以提高模型选取的正确率和效率。

依据上述两种方法,观察分析全风化砂页岩的蠕变试验曲线以及试验过程中试样产生的变化,可得出全风化砂页岩具有以下几个特点:

(1)试样在卸载后变形部分恢复,且试样在加载瞬间存在瞬时变形,因此模型中应存在弹性元件。

(2)试验曲线显示试样的变形随着荷载作用时间的延长而增加,变形与时间之间存在明显的非线性关系。

(3)试样在较低的应力水平下就会出现蠕变现象,且试样的单轴抗压强度较低,整体性较差,因此全风化砂页岩属于软岩的范畴。

基于上述几点,初步选用 Burgers 模型作为全风化砂页岩的蠕变模型。

2.4.3　蠕变参数识别

由 2.4.1 节的内容可得,Burgers 模型的蠕变方程为:

$$\varepsilon = \frac{\sigma_0}{E_1} + \frac{\sigma_0}{\eta_1}t + \frac{\sigma_0}{E_2}\left(1 - e^{-\frac{E_2}{\eta_2}t}\right) \qquad (2\text{-}11)$$

采用数据分析软件 Origin 内置的非线性曲线拟合模块通过编制拟合程序对试验数据进行拟合回归,求得相关的蠕变参数。图 2-22 ~ 图 2-26 是用 Burgers 模型对各个试样在每一级荷载作用下的试验结果进行拟合处理后的结果图。

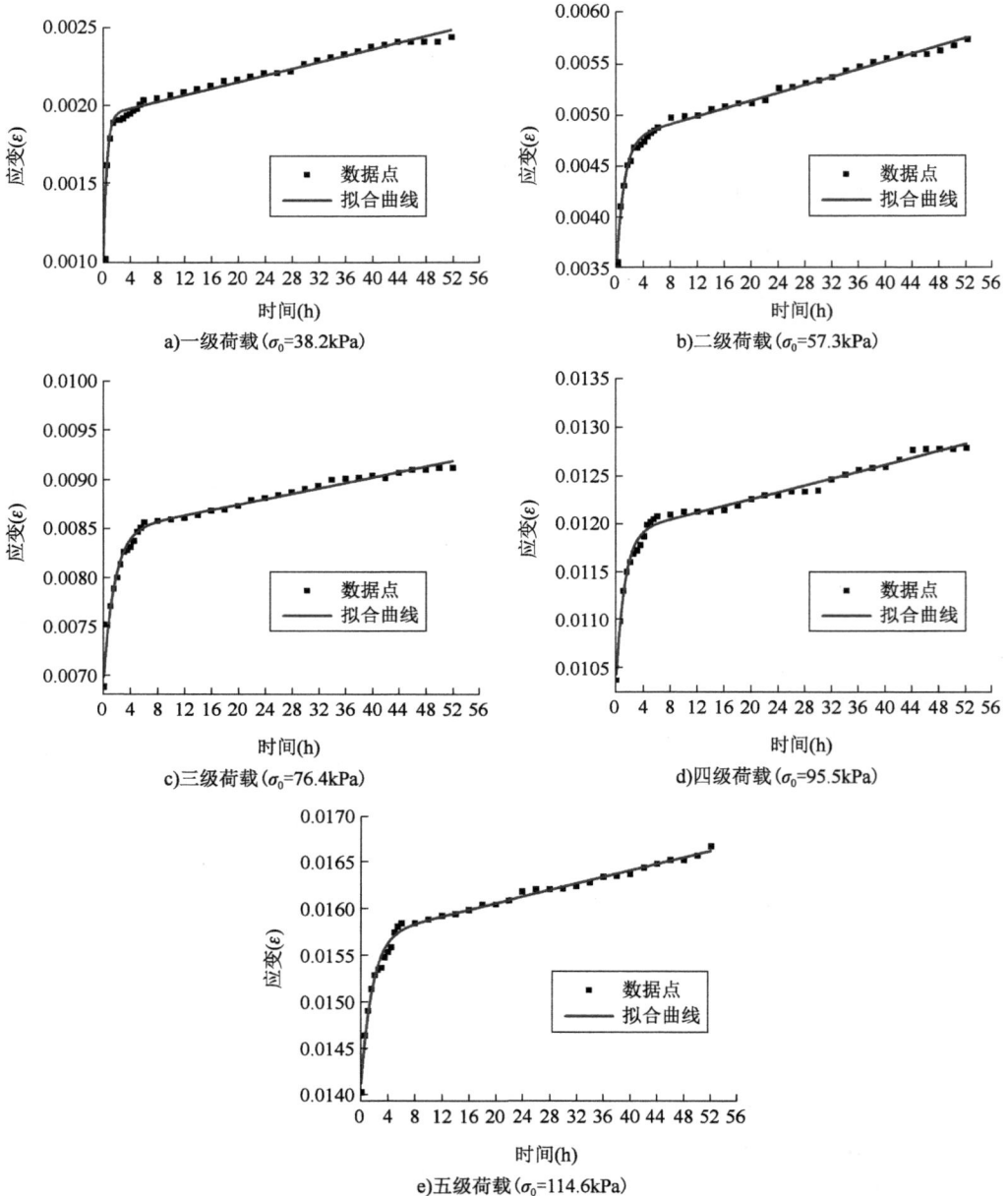

a)一级荷载(σ_0=38.2kPa)

b)二级荷载(σ_0=57.3kPa)

c)三级荷载(σ_0=76.4kPa)

d)四级荷载(σ_0=95.5kPa)

e)五级荷载(σ_0=114.6kPa)

图 2-22　试样 H1 曲线拟合(Burgers 模型)

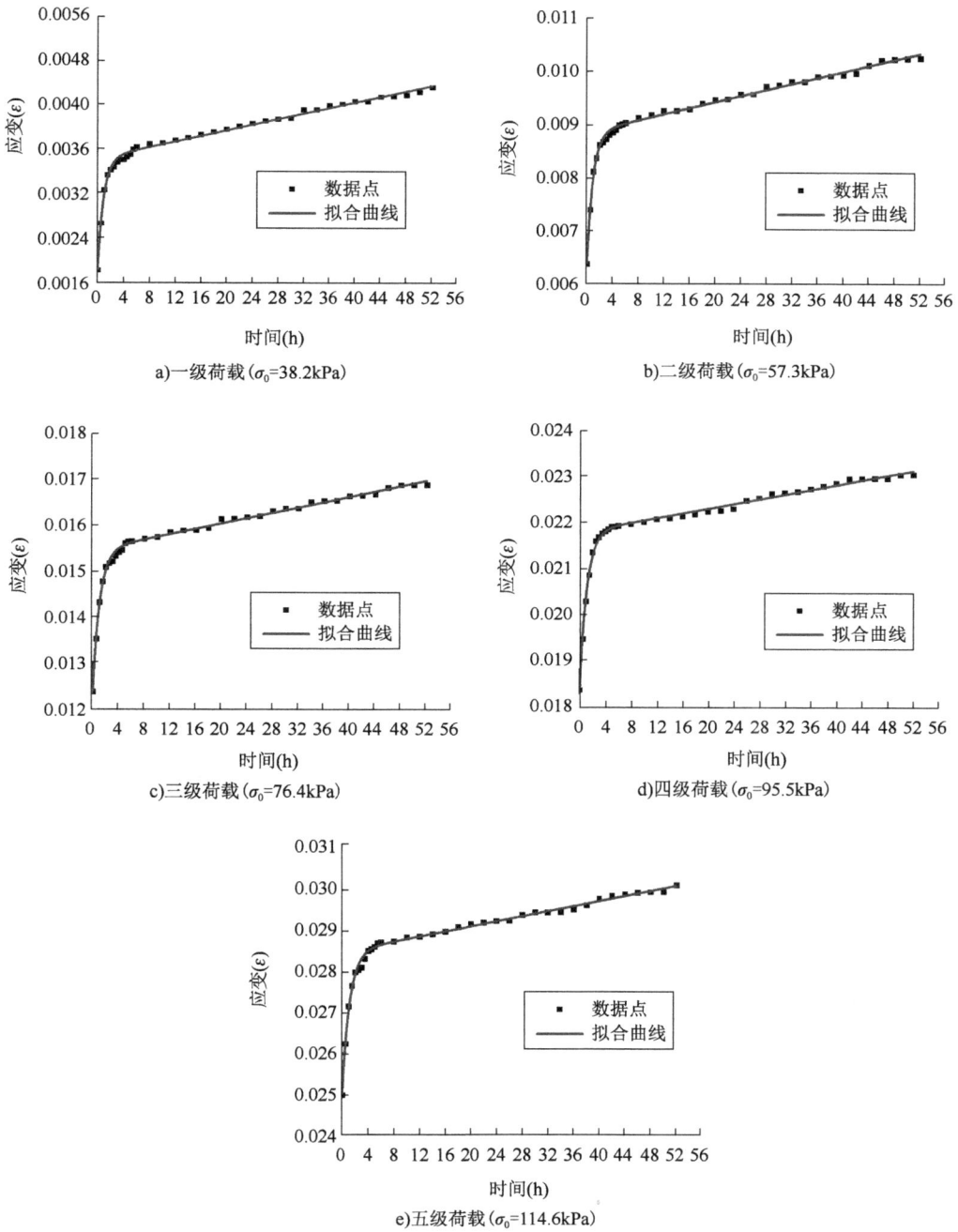

a)一级荷载 (σ_0=38.2kPa)

b)二级荷载 (σ_0=57.3kPa)

c)三级荷载 (σ_0=76.4kPa)

d)四级荷载 (σ_0=95.5kPa)

e)五级荷载 (σ_0=114.6kPa)

图 2-23　试样 H2 曲线拟合（Burgers 模型）

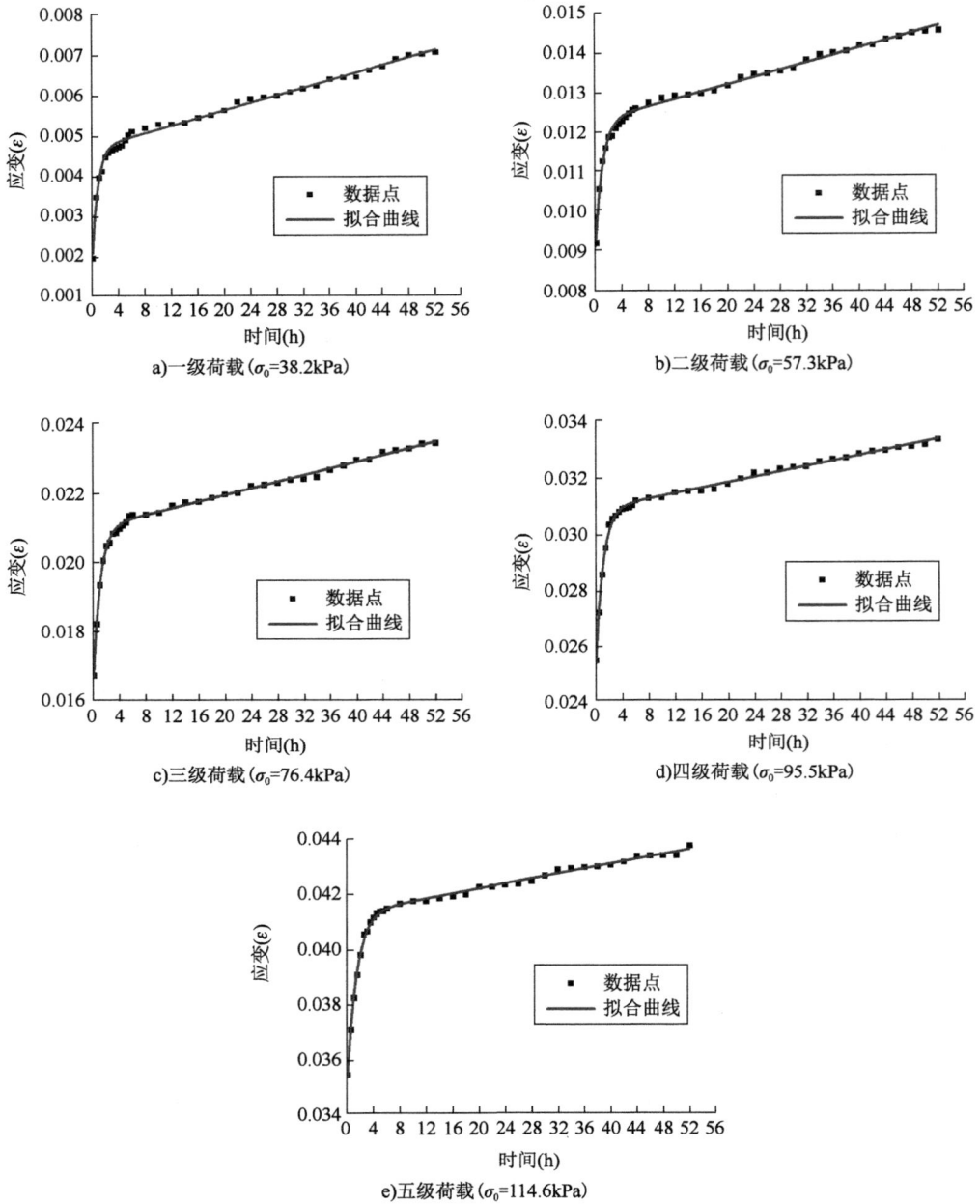

a)一级荷载(σ_0=38.2kPa)

b)二级荷载(σ_0=57.3kPa)

c)三级荷载(σ_0=76.4kPa)

d)四级荷载(σ_0=95.5kPa)

e)五级荷载(σ_0=114.6kPa)

图2-24 试样 H3 曲线拟合（Burgers 模型）

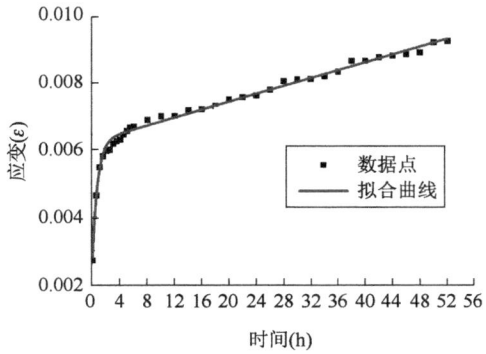

a)一级荷载(σ_0=38.2kPa)

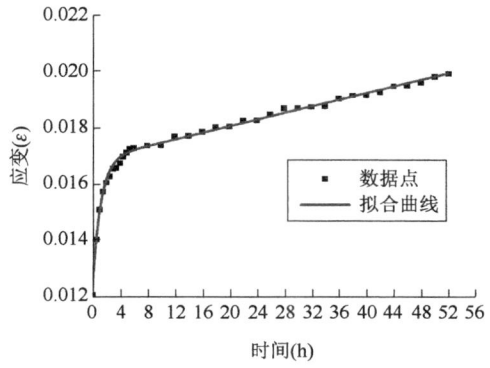

b)二级荷载(σ_0=57.3kPa)

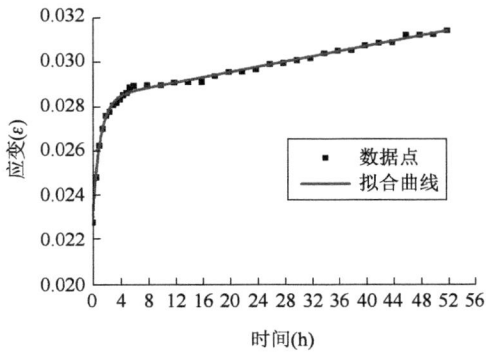

c)三级荷载(σ_0=76.4kPa)

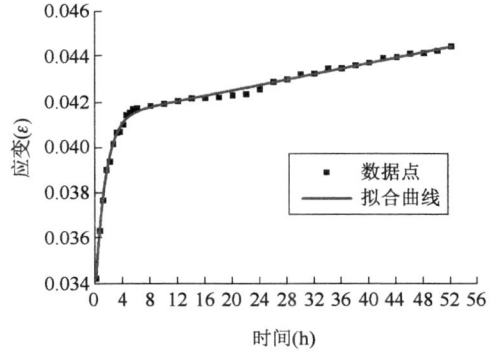

d)四级荷载(σ_0=95.5kPa)

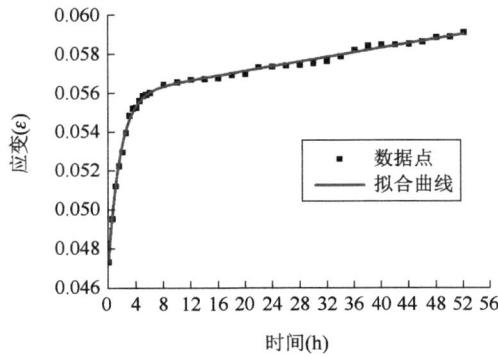

e)五级荷载(σ_0=114.6kPa)

图 2-25　试样 H4 曲线拟合（Burgers 模型）

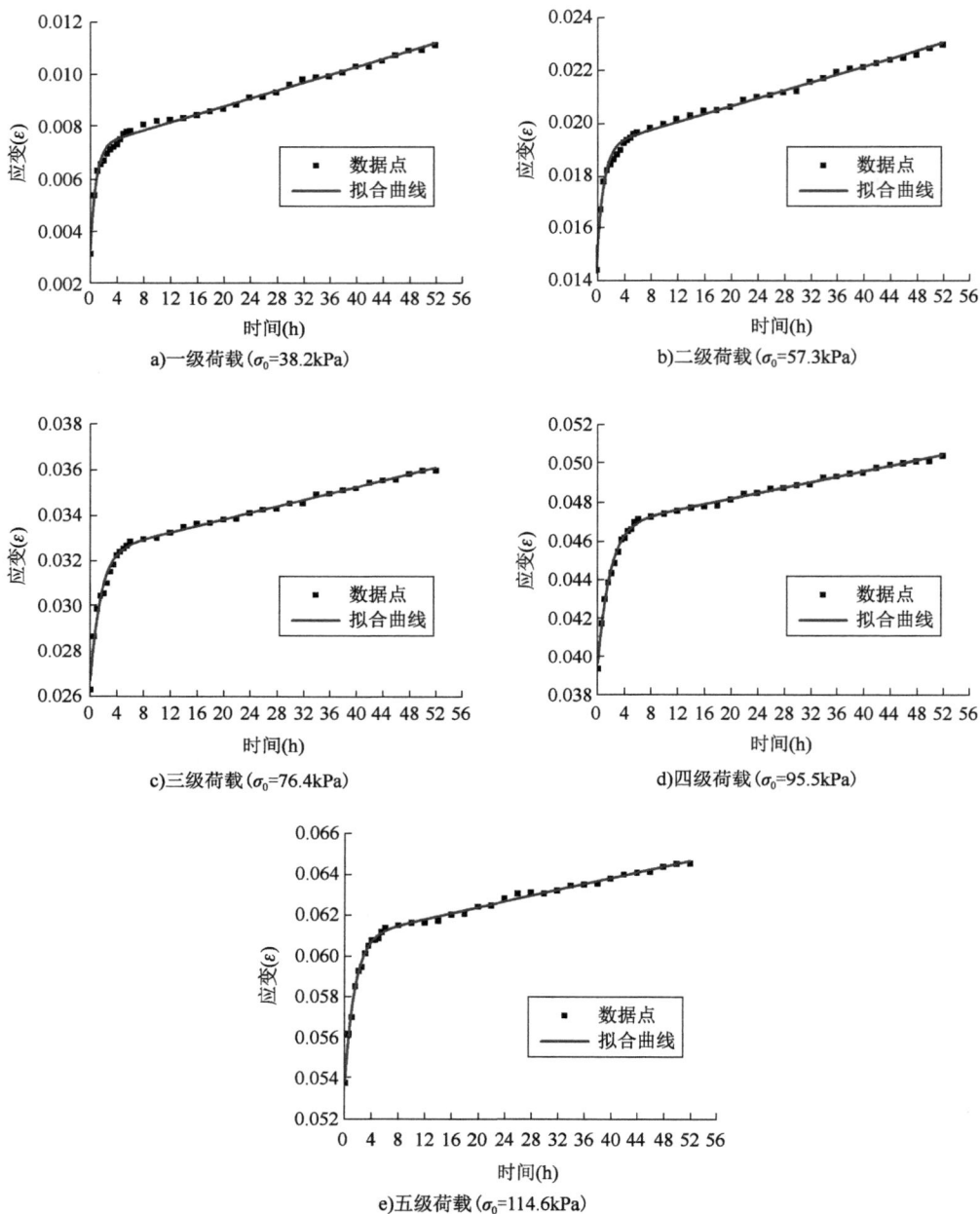

a)一级荷载(σ_0=38.2kPa)

b)二级荷载(σ_0=57.3kPa)

c)三级荷载(σ_0=76.4kPa)

d)四级荷载(σ_0=95.5kPa)

e)五级荷载(σ_0=114.6kPa)

图 2-26　试样 H5 曲线拟合（Burgers 模型）

由图 2-22 ~ 图 2-26 可以看出，试验数据基本分布在拟合曲线周围，且拟合优度显示拟合效果良好，这表明全风化砂页岩地层蠕变特性可采用 Burgers 模型描述。表 2-5 是根据 Origin 非线性曲线拟合程序计算得出的蠕变模型参数表。

根据 Origin 非线性曲线拟合程序得出的蠕变模型参数表　　表 2-5

试样编号（含水率）	σ_0（kPa）	E_1（kPa）	E_2（kPa）	η_1（kPa·h）	η_2（kPa·h）	R^2
H1（15.80%）	38.2	37106	41455	2666666	22238	0.990
	57.3	15896	49291	3980900	55653	0.994
	76.4	10919	51881	5471200	86896	0.992
	95.5	9172	64157	5221700	81234	0.991
	114.6	8108	72362	6543700	122970	0.991
	平均值	16240	55829	4776833	73798	—
H2（17.85%）	38.2	23810	19168	1530400	17731	0.995
	57.3	8750	23478	2003300	22565	0.996
	76.4	6293	24956	2598800	27251	0.992
	95.5	5212	27216	3687100	30471	0.991
	114.6	4583	32970	3701700	38354	0.995
	平均值	9730	25558	2704260	27274	—
H3（20.35%）	38.2	18192	14482	823410	13901	0.992
	57.3	6186	19001	1228400	20719	0.995
	76.4	4567	17786	1616000	19692	0.997
	95.5	3752	17398	2013500	19494	0.996
	114.6	3232	19499	2577100	28702	0.997
	平均值	7186	17633	1651682	20502	—
H4（26.91%）	38.2	13574	11111	649260	8539	0.993
	57.3	4679	13351	960070	14895	0.995
	76.4	3352	14613	1315200	16697	0.995
	95.5	2789	14106	1605700	20206	0.996
	114.6	2423	15875	1939400	23450	0.996
	平均值	5363	13811	1293926	16757	—
H5（29.18%）	38.2	11399	9705	493800	7795	0.992
	57.3	3912	12192	756310	12868	0.993
	76.4	2860	13188	1068500	18258	0.993
	95.5	2412	13430	1346500	17284	0.996
	114.6	2130	13152	1580900	20684	0.995
	平均值	4543	12314	1049202	15378	—

2.4.4　模型蠕变参数规律分析

前文 2.3.4 节以蠕变试验结果为基础,分析了含水率和荷载对全风化砂页岩蠕变特性的影响。本小节将以表 2-5 中蠕变模型参数为基础,分析含水率和荷载水平对蠕变参数的影响,进一步探究岩石的蠕变特性。

1)含水率对模型蠕变参数的影响

现有研究成果表明,岩石的蠕变特性受 Burgers 模型弹性系数(E_1、E_2)和黏滞系数(η_1、η_2)的共同影响,其中 E_1 主要影响模型的瞬时弹性应变量,E_2 主要影响模型的起始蠕变量,η_1 主要影响模型的起始蠕变速率、起始蠕变量和稳态阶段的蠕变速率,η_2 主要影响模型的起始蠕变速率。观察表 2-5,可知在荷载不变的情况下,E_1 随着含水率的增大而减小,这表明随着含水率的增加,岩石将出现较大的瞬时弹性变形。例如在一级荷载(38.2kPa)的作用下,试样 H1 $E_1 = 37106$kPa、试样 H2 $E_1 = 23810$kPa,除此之外 E_2、η_1、η_2 的值也随着含水率的增大而减小,分析其余试样,其 E_2、η_1、η_2 的变化也存在相似规律,表现为试样的初始蠕变速率增加,初始蠕变量增大。

2)荷载水平对模型蠕变参数的影响

对比分析表 2-5 中的数据可以看出,除个别蠕变参数出现离散现象外,绝大多数蠕变参数与荷载水平之间存在相关性。随着荷载的增大,E_1 逐渐减小,E_2、η_1、η_2 逐渐增大。表现为试样在荷载增加时,其初始蠕变速率减小,初始蠕变量增大、进入稳态阶段的时间增大。分析原因,试验过程中为减少试样含水率的损失,试验前在每个试样的周身包裹上了多层保鲜膜,厚约1.5mm,且保鲜膜与试样存在接触。这就导致在施加荷载时,由于保鲜膜的存在限制了试样的径向位移;此外,在前一级荷载作用下试样的密实度得到了增加,因此试样的初始蠕变速率会减小、进入稳态阶段的时间增加。分析其余不同含水率的试样也存在上述规律。

2.4.5 考虑含水率的蠕变方程建立

综合上述分析,对于不同含水率状态的试样,基于 Burgers 蠕变方程选择表 2-5 中各项参数的平均值作为其蠕变参数。由此可以得到全风化砂页岩在上述 5 种含水状态下的 Burgers 蠕变方程。其最终结果见表 2-6,通过该表可以详细了解各试样的蠕变数学模型。

各试样蠕变参数取值及蠕变方程 　　　　表 2-6

试样编号	蠕变模型参数取值	Burgers 蠕变方程
H1	$E_1 = 16240$kPa $E_2 = 55829$kPa $\eta_1 = 4776833$kPa·h $\eta_2 = 73798$kPa·h	$\varepsilon = \dfrac{\sigma_0}{16240} + \dfrac{\sigma_0}{4776833}t + \dfrac{\sigma_0}{55829}\left(1 - e^{-\frac{55829}{73798}t}\right)$
H2	$E_1 = 9730$kPa $E_2 = 25558$kPa $\eta_1 = 2704260$kPa·h $\eta_2 = 27274$kPa·h	$\varepsilon = \dfrac{\sigma_0}{9730} + \dfrac{\sigma_0}{2704260}t + \dfrac{\sigma_0}{25558}\left(1 - e^{-\frac{25558}{27274}t}\right)$
H3	$E_1 = 7186$kPa $E_2 = 17633$kPa $\eta_1 = 1651682$kPa·h $\eta_2 = 20502$kPa·h	$\varepsilon = \dfrac{\sigma_0}{7186} + \dfrac{\sigma_0}{1651682}t + \dfrac{\sigma_0}{17633}\left(1 - e^{-\frac{17633}{20502}t}\right)$

试样编号	蠕变模型参数取值	Burgers 蠕变方程
H4	$E_1 = 5363\,\text{kPa}$	$\varepsilon = \dfrac{\sigma_0}{5363} + \dfrac{\sigma_0}{1293926}t + \dfrac{\sigma_0}{13811}\left(1 - \text{e}^{-\frac{13811}{16557}t}\right)$
	$E_2 = 13811\,\text{kPa}$	
	$\eta_1 = 1293926\,\text{kPa} \cdot \text{h}$	
	$\eta_2 = 16757\,\text{kPa} \cdot \text{h}$	
H5	$E_1 = 4543\,\text{kPa}$	$\varepsilon = \dfrac{\sigma_0}{4543} + \dfrac{\sigma_0}{1049202}t + \dfrac{\sigma_0}{12314}\left(1 - \text{e}^{-\frac{12314}{15378}t}\right)$
	$E_2 = 12314\,\text{kPa}$	
	$\eta_1 = 1049202\,\text{kPa} \cdot \text{h}$	
	$\eta_2 = 15378\,\text{kPa} \cdot \text{h}$	

采用数据分析软件 Origin 内置的曲线拟合模块,将含水率 w 与表 2-6 中的四个蠕变参数 E_1、E_2、η_1、η_2 进行拟合回归,建立各蠕变参数与含水率之间的联系,得到各蠕变参数与含水率 w 之间的函数关系式,图 2-27 是各蠕变参数与含水率进行拟合回归的结果图。

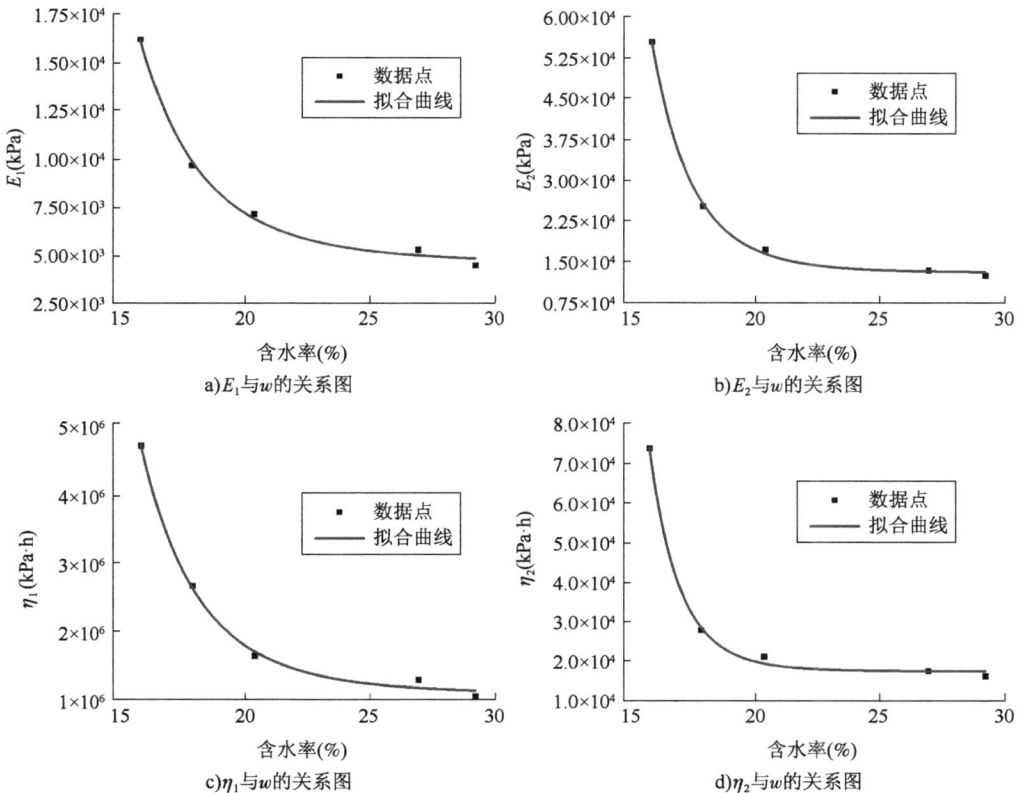

a)E_1 与 w 的关系图

b)E_2 与 w 的关系图

c)η_1 与 w 的关系图

d)η_2 与 w 的关系图

图 2-27　蠕变参数-含水率拟合曲线

由图 2-27 可得,选择的拟合函数能较好地对数据进行拟合回归,对拟合结果进行整理可以得到各个蠕变参数 E_1、E_2、η_1、η_2 与含水率 w 之间的数学函数关系式:$E_1 = f(w)$、$E_2 = f(w)$、$\eta_1 = f(w)$、$\eta_2 = f(w)$,其拟合结果见表 2-7。

蠕变参数拟合结果   表 2-7

拟合结果	R^2	拟合结果	R^2
$E_1 = 5.385 \times 10^{11} w^{-6.399} + 4678$	0.992	$\eta_1 = 8.326 \times 10^{14} w^{-6.968} + 1.083 \times 10^6$	0.994
$E_2 = 3.404 \times 10^{16} w^{-9.932} + 13390$	0.998	$\eta_2 = 1.971 \times 10^{19} w^{-12.13} + 16100$	0.993

拟合优度显示拟合效果良好,基于此,将表 2-7 中各蠕变参数与含水率的关系式代入 Burgers 蠕变方程中,得到考虑含水率的 Burgers 蠕变方程式(2-11),该方程可以描述不同含水率状态下全风化砂页岩的蠕变行为,并基于此为后文开展隧道大变形机理的数值模拟提供依据。

$$\varepsilon = \frac{\sigma_0}{5.385 \times 10^{11} w^{-6.399} + 4678} + \frac{\sigma_0}{8.326 \times 10^{14} w^{-6.968} + 1.083 \times 10^6} t +$$

$$\frac{\sigma_0}{3.404 \times 10^{16} w^{-9.932} + 13390} \times \left(1 - e^{-\frac{3.404 \times 10^{16} w^{-9.932} + 13390}{1.971 \times 10^{19} w^{-12.13} + 16100} t} \right) \tag{2-12}$$

为验证该蠕变方程式(2-11)的准确性,将式(2-11)的计算结果与蠕变试验数据进行对比分析,所得结果如图 2-28 所示。

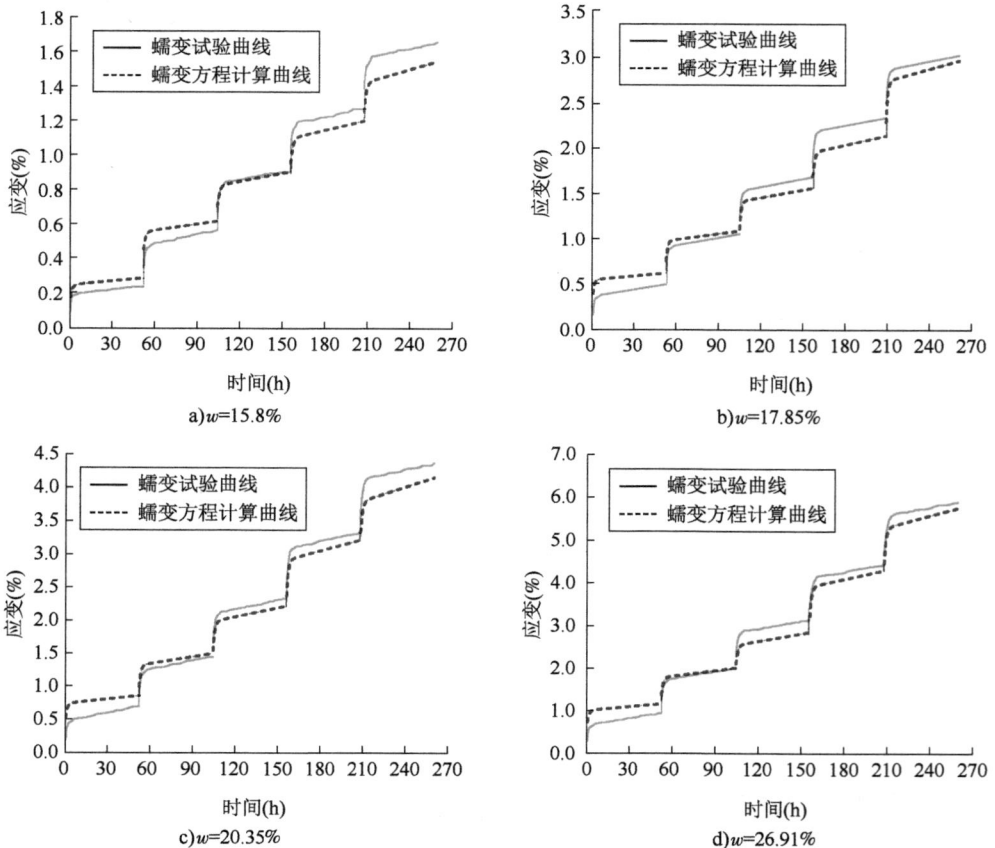

a)w=15.8%

b)w=17.85%

c)w=20.35%

d)w=26.91%

图 2-28

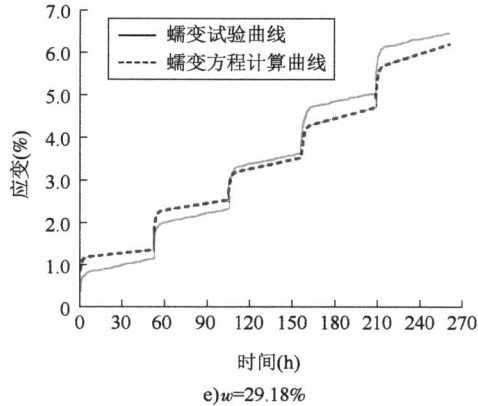

e)w=29.18%

图2-28 试样蠕变试验曲线与蠕变方程计算曲线

根据图2-28可知,蠕变方程式(2-11)计算结果与蠕变试验数据相差较小,例如当$w=15.8\%$时,在一级荷载作用下计算结果与试验数据的误差约为20.4%,五级荷载作用下误差约为6.7%;当$w=29.18\%$时,试样在一级荷载作用下计算结果与试验数据的误差约为18.5%,而在五级荷载作用下误差约为0.04%。考虑到试样的离散性以及工程上的应用性,计算误差在可接受范围之内,因此该蠕变方程式(2-11)能较为真实地反映全风化砂页岩的蠕变特性。

第3章 全风化砂页岩隧道大变形机理数值模拟研究

依托江西萍莲高速公路莲花隧道穿越全风化砂页岩区段围岩大变形治理工程,在全风化砂页岩蠕变模型研究的基础上,运用 FLAC 3D 有限差分软件创建隧道大变形数值计算模型,研究分析全风化砂页岩蠕变特性对隧道大变形过程的影响规律,进而揭示全风化砂页岩隧道大变形机理。

3.1 隧道大变形数值计算模型创建

3.1.1 计算假定

由于实际工程中工程地质条件较为复杂,导致围岩的力学性质难以预估,部分力学参数无法准确获取,这就给开展数值模拟带来了一定困难。为此,在进行数值模拟工作时需要对计算模型进行简化,对主要方向进行重点研究,基于数值计算模型做出如下假定:

(1)将模型中的围岩、初期支护视为均质连续的各向同性体。

(2)模型的初始应力只考虑围岩的自重应力,忽略围岩的构造应力等其他应力的影响。

(3)隧道在围岩荷载作用下只产生横向位移和竖向位移,不会产生沿着隧道纵向的位移。

(4)由于隧道大变形发生在上台阶开挖完成之后、下台阶开挖之前这段时间,因此本章的数值模拟只分析上台阶开挖时的隧道大变形情况。

3.1.2 模型创建

基于上述假定,选取江西萍莲高速公路莲花隧道 YK37 + 297 断面实际工况进行建模,断面埋深 68m,隧道总高度为 8.5m,隧道洞径为 12m,为五心圆隧道(图 3-1)。隧道掌子面在掘进至 YK37 + 297 断面附近位置出现不同程度的衬砌开裂、初期支护大变形等灾害(图 3-2)。隧道初期支护采用工字钢拱架、超前小导管、径向锚杆、钢筋网及 C30 喷射混凝土,厚度为 30cm。由于 FLAC 3D 软件的前处理功能较弱,首先采用 Midas GTS NX 软件进行前期建模,之后用 Midas GTS NX to FLAC 3D 程序将建立好的隧道网格模型导入 FLAC 3D 软件中进行计算,充分发挥两款软件的优势。

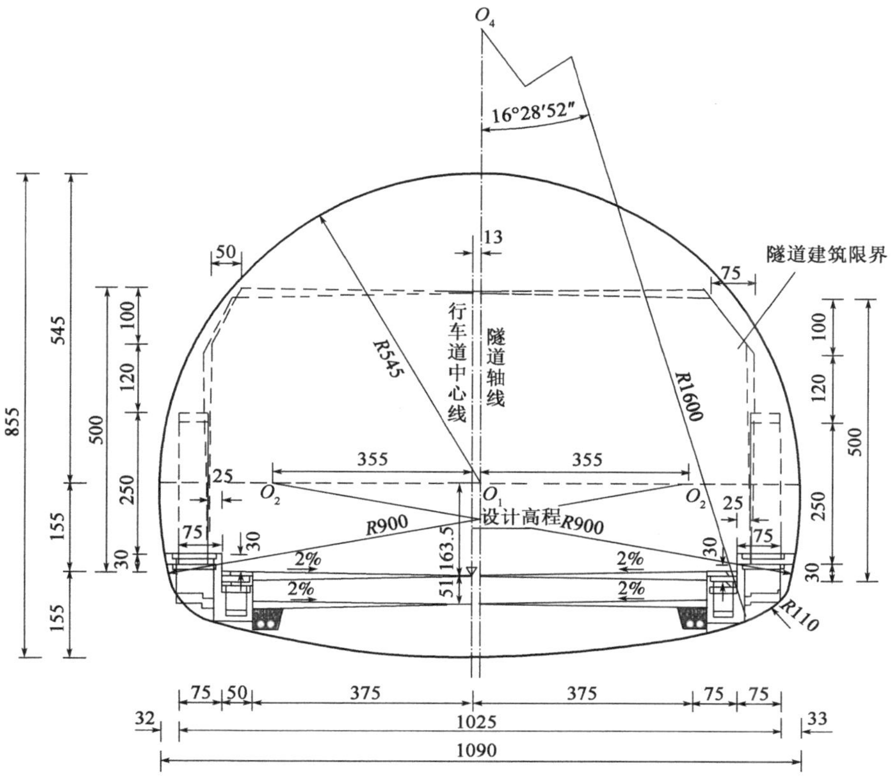

图 3-1 隧道轮廓断面示意图(尺寸单位:cm)

a)拱顶衬砌开裂

b)初期支护大变形

图 3-2 YK37+297 断面大变形灾害

由于本章主要进行隧道大变形机理的研究,不涉及纵向施工工序对隧道大变形的影响研究,因此采用二维模型,隧道纵向取一个开挖进尺 1m。现有研究成果表明,模型的总体尺寸影响数值计算的精度与效率。为保证计算精度,消除模型边界效应的影响,模型总宽度为隧道宽度的 8 倍左右,下边界到隧道中心为隧道高度的 6 倍左右,最终模型总尺寸为 118m×100m×1m。模型四周及底部为法向约束,顶部为自由边界,模型中的地层按照地勘资料进行分层建立。最终结果如图 3-3 所示。

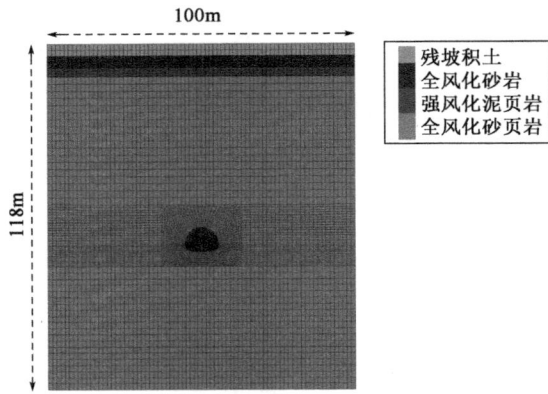

图 3-3　YK37＋297 断面数值计算模型

3.1.3　计算工况与材料参数

探讨全风化砂页岩蠕变特性对隧道大变形的影响,数值模拟分为以下两种工况:

(1)考虑围岩的蠕变效应,此时隧道周围的围岩采用 Burgers 模型,初期支护采用弹性模型,地表附近的土层采用莫尔-库仑本构模型。

(2)不考虑蠕变围岩的蠕变效应,此时所有岩土体均采用莫尔-库仑本构模型,初期支护采用弹性本构模型。

在上述两种工况中,岩土体和初期支护都采用实体单元进行模拟,隧道开挖用"model null"空模型实现。为了获取某些特殊点的计算数据,用 hist 命令对特殊点进行监测,监测点分别设置在初期支护的拱顶、拱腰以及拱脚处(图 3-4),每个位置设置一个监测点,记录

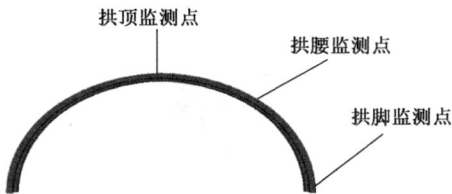

图 3-4　模型监测点布置

各点的竖向位移以及水平收敛情况。围岩参数根据工程地质报告选取,根据地勘报告显示,土层从地表往下依次为:残坡积土、全风化砂岩、强风化泥页岩、全风化砂页岩。初期支护的物理力学参数来源于钢材的测试报告,模型材料的参数取值见表 3-1。

数值计算模型材料参数　　　　　　　　表 3-1

围岩	重度 γ (kN/m³)	弹性模量 E (GPa)	泊松比 μ	内摩擦角 φ (°)	黏聚力 c (kPa)	厚度 h (m)
残坡积土	18.2	0.02	0.40	21	10	3
全风化砂岩	20.5	0.06	0.40	22	10	3
强风化泥页岩	21.4	0.13	0.40	22	10	2
全风化砂页岩	21.6	0.16	0.33	25	24	110
初期支护	25.0	20.0	0.21	—	—	0.3

此外,本书第 2 章总结得出了考虑含水率的 Burgers 蠕变方程,该方程将 Burgers 蠕变模型的蠕变参数与含水率之间建立了联系。本章在进行考虑蠕变效应的隧道大变形数值模拟时将

依据该方程确定数值模拟的参数,为此需要确定围岩的含水率。考虑到实际取样的时间距离发生大变形灾害已经过去了两周左右,发生大变形时围岩的含水率要比取样时高,因此初步确定围岩含水率为 25%。

进行数值模拟时需要用到体积模量 K 和剪切模量 G,可根据式(3-1)进行单位换算:

$$\begin{cases} K = \dfrac{E}{3(1-2\mu)} \\ G = \dfrac{E}{2(1+\mu)} \end{cases} \quad\quad (3\text{-}1)$$

3.2 两种计算工况下的数值模拟结果及分析

本节将对两种工况的数值模拟结果进行对比分析,选取隧道开挖后的位移场、应力场以及体积应变分布作为研究对象,分析这三者的变化以及分布规律,进而探究全风化砂页岩隧道大变形的发生机理。

3.2.1 位移场分析

隧道围岩的位移情况能够直观地反映隧道大变形的程度,通过隧道的位移场分布可以分析得出隧道发生大变形时的最不利位置,两种工况下隧道开挖后的竖向位移场分布如图 3-5 所示。

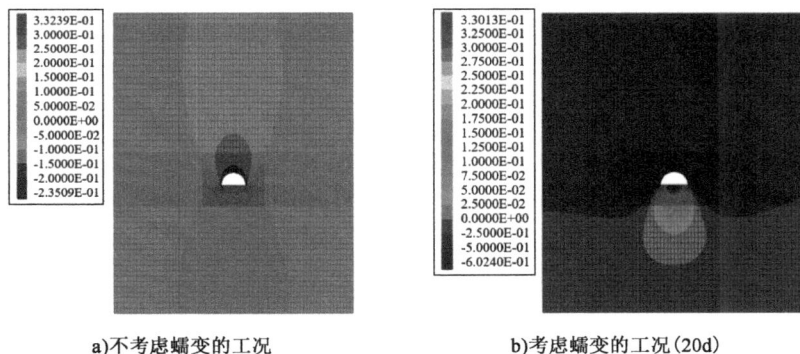

a)不考虑蠕变的工况   b)考虑蠕变的工况(20d)

图 3-5 两种工况下隧道开挖后的竖向位移场分布

图 3-5 中的数据,竖直向上为正值,竖直向下为负值。由图 3-5 可知,隧道开挖后仰拱表面会出现不同程度的隆起,在不考虑围岩蠕变的工况下,仰拱最大隆起 235.3mm,仰拱下部围岩出现竖直向上的位移,位移值为 5~10mm,其影响范围主要沿着仰拱面向下发展。在考虑蠕变的工况下,仰拱最大隆起为 330.1mm,仰拱下部围岩的竖向位移值在 7.5~13mm 之间,且位移方向也为竖直向上,但与第一种工况不同,在考虑蠕变的工况下,隧道开挖对围岩的影响较大,从图 3-5b)中可知,下部围岩的位移除了沿着仰拱面向下发展外,还沿着仰拱面向左右两侧发展。考虑到此时支护还未成环,这就造成了仰拱受到两侧围岩的挤压而形成了隆起,仰拱两侧围岩的位移继续发展。

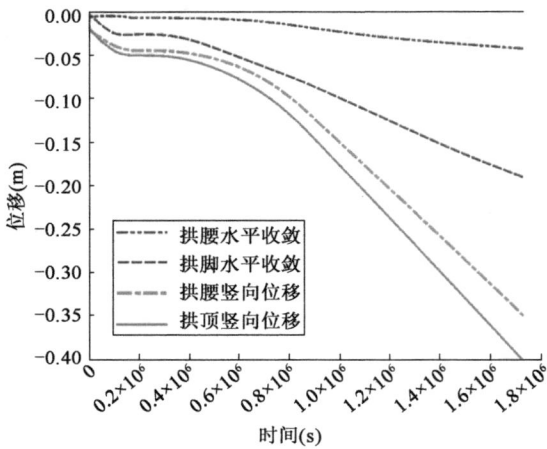

图 3-6　考虑蠕变工况下的监测点位移图

图 3-6 中纵坐标为位移值,单位为 m,位移值为负代表发生竖直向下的位移或者水平向左的位移,根据图 3-6 的监测点数据显示,考虑蠕变的工况下拱顶沉降为 400.1mm。根据现场实际监测结果显示,YK37 + 297 断面拱顶在开挖 20d 后累计沉降已达 376.2mm,因此根据数值计算的结果可以得出,考虑蠕变工况与实际工程更加接近。

观察图 3-6 可知,随着时间的增加各监测点的位移曲线斜率逐渐增大,在某一时刻曲线出现拐点,拐点过后曲线斜率突然增大,表现为隧道的拱顶沉降和水平收敛速率迅速增大,沉降值和收敛值较高,此时已经出现大变形现象。分析其原因,隧道开挖后围岩发生应力重分布,在应力不断调整的过程中围岩发生蠕变。随着围岩不断蠕变,围岩变形对初期支护造成挤压,增大了初期支护的荷载。当某一时刻初期支护承受的荷载达到其正常使用状态下的极限值后初期支护发生扭曲、变形,造成隧道大变形。因此,需要在拐点前对围岩进行注浆加固或者增设横撑等措施预防大变形灾害的发生。

图 3-7 中数值以水平向右为正,水平向左为负。由图 3-7 可知,两种工况下隧道的水平位移最大处均出现在隧道的拱脚附近,在不考虑蠕变的工况下拱脚处的水平位移为 217.4mm,距离拱脚 3 ~ 4m 的范围内围岩的水平位移在 100 ~ 253.4mm 之间,不考虑蠕变的工况下隧道开挖对围岩的水平位移影响较小。考虑蠕变的工况下,隧道围岩的水平位移分布情况与第一种工况相似,其拱脚处的水平位移为 275.3mm,现场监测值显示该断面隧道拱脚附近的水平收敛值为 258.8mm,二者相差约 6.37%,进一步验证了该模型的计算准确性。距离拱脚 2m 处,围岩的水平收敛最大为 358.4mm,这验证了前述仰拱隆起是由于两侧围岩挤压形成的推断。此外,还可以看出相较于不考虑蠕变的工况,在考虑蠕变的工况下,围岩发生水平位移的范围要大,从隧道拱脚处呈"八"字形向围岩深处继续发展。

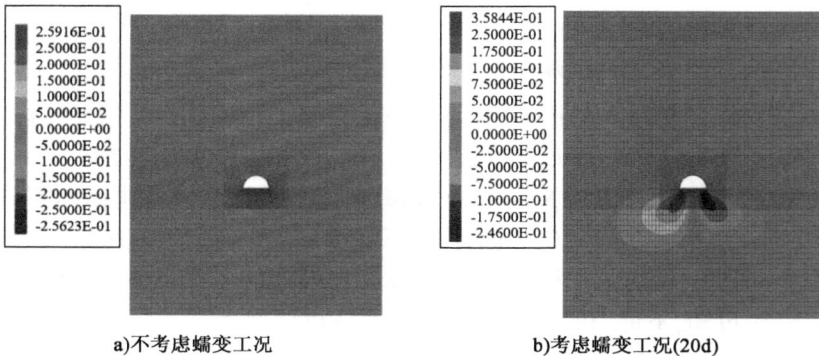

a)不考虑蠕变工况　　　　　　　　b)考虑蠕变工况(20d)

图 3-7　两种工况下的水平位移场分布

　　综上所述,计算时在考虑围岩蠕变效应的工况下围岩的位移量较大,通过与现场的位移监测数据进行对比,可得在考虑围岩蠕变计算结果与实际工程更加相符,这从侧面验证了数值计算模型的准确性。

3.2.2　应力场分析

　　隧道开挖后围岩发生应力重分布,通过对开挖后的围岩应力状态进行分析可以判断隧道的稳定性,结合3.2.1节内容可以分析大变形最不利位置的应力大小,探究变形与应力分布之间的关系。图3-8和图3-9是两种工况下隧道开挖后围岩以及初期支护钢拱架的最大主应力场分布图。

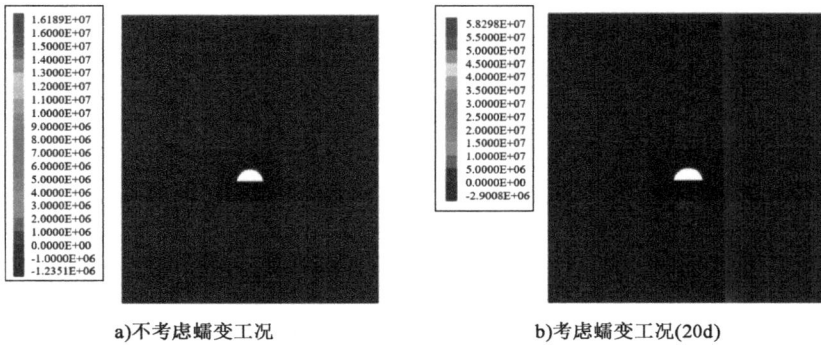

a)不考虑蠕变工况　　　　　　　　　　　　　b)考虑蠕变工况(20d)

图3-8　两种工况下的最大主应力场分布

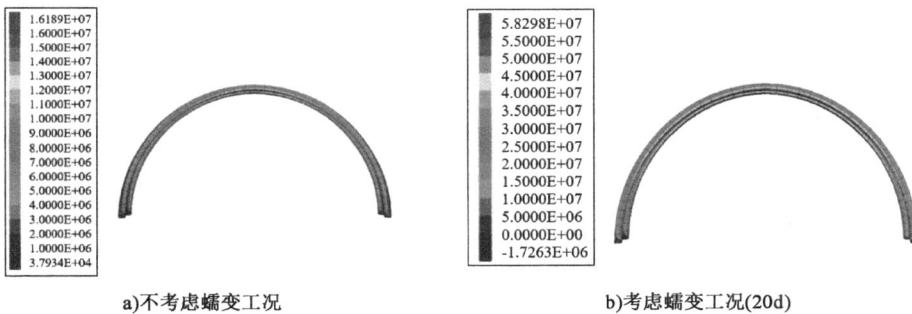

a)不考虑蠕变工况　　　　　　　　　　　　　b)考虑蠕变工况(20d)

图3-9　两种工况下初期支护钢拱架最大主应力场分布

　　最大主应力可以反映围岩以及初期支护钢拱架的应力水平。由图3-8和图3-9可得,在不考虑蠕变的工况下,隧道围岩的最大主应力在1.24MPa,出现在距离隧道底部40～50m处,随着深度的减小,隧道围岩的最大主应力逐渐减小。隧道开挖部分的围岩应力在0.02～0.6MPa之间;从初期支护钢拱架的最大主应力图中可以看出,钢拱架的最大主应力主要为拉应力,在拱顶处最大主应力达到最大值16.19MPa,在拱脚处最大主应力值最小,为0.0379MPa。考虑蠕变的工况下,隧道围岩的最大主应力最大值为2.9MPa,其分布与不考虑蠕变工况相似,埋深越小,最大主应力的值越小。但埋深相同时,在考虑蠕变的工况下,其最大主应力要高于不考虑蠕变的工况。例如在隧道开挖部分周围的围岩,在考虑蠕变的工况下其最大主应力为0.3～1.5MPa,高于不考虑蠕变的0.02～0.6MPa。从钢拱架的受力情况来看,在考虑蠕变的工况下,初期支护钢拱架的最大主应力的最大峰值出现在拱顶附近,且主要以拉应力为主,这一点与不考虑蠕变的工况相似,但是在拱脚处钢拱架的最大主应力出现了压应力。结合 3.2.1 节位移场分析的内容,出现这种现象的原因是由于仰拱受到围岩挤压出现了向上的隆起,此时拱脚围岩在蠕变效应下产生了向下的位移,二者对拱脚处的初期支护造成了挤压,因而该处的最大主应力出现压应力。现场图片(图 3-10)显示初期支护的拱脚附近发生受压弯曲变形,进一步验证了考虑蠕变工况的数值计算的准确性。

图 3-10　初期支护钢拱架拱脚弯曲变形

通过上述分析可以得出,两种工况下围岩的应力和初期支护钢拱架的最大主应力分布存在相似的情况,例如二者围岩最大主应力随着深度的增加而增大,且钢拱架的最大主应力最大峰值都出现在拱顶处,但是在考虑蠕变的工况下围岩和初期支护钢拱架的最大主应力要高于不考虑蠕变的工况,且其应力分布存在差异。

3.2.3　体积应变分析

围岩的体积应变反应了围岩膨胀或者收缩等体积变化趋势,图 3-11 是两种工况下隧道开挖后的体积应变分布,根据图 3-11 可以分析两种工况下围岩的变形模式以及变形程度,进而研究大变形发生的机理。

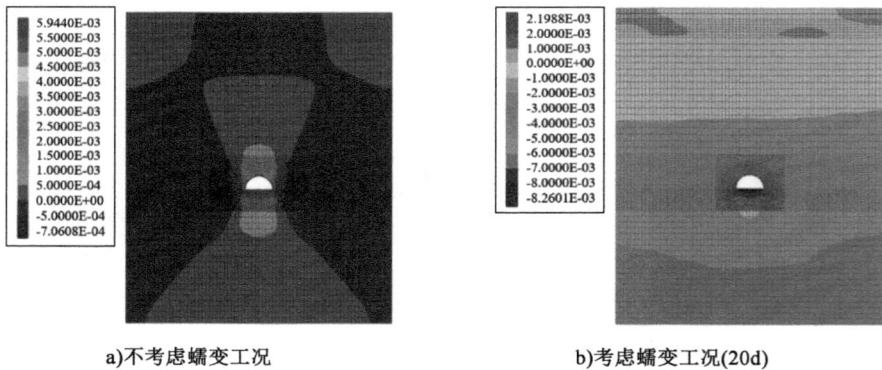

a)不考虑蠕变工况　　　　　　　　　　b)考虑蠕变工况(20d)

图 3-11　两种工况下的体积应变分布

由图 3-11 可知,在不考虑蠕变的工况下,隧道顶部及隧道下部大部分围岩体积应变为正值,其中拱顶处体积应变为 0.0018,仰拱处为 0.003,拱脚处为 0.0013,体积应变最大值出现在拱脚附近为 0.0059,说明该范围内的围岩主要发生体积膨胀。此外从图 3-11a)中可以看出,围岩体积应变有增大趋势,拱顶上部围岩的体积应变逐渐由负值转为正值,说明围岩发生体积膨胀的范围逐渐增加;在考虑蠕变的工况下,隧道周围围岩的体积应变主要为负值,隧道拱脚附近体积应变取得最大值,这与第一种工况的结果基本相同;观察图 3-11b),可以看出从拱脚到拱顶沿隧道径向 0～5.2m 范围内形成了一个圆环形区域,这个区域的体积应变值相对较高,为 $-0.004 \sim -0.002$,因此该区域内的围岩体积收缩程度较大,这种情况下初期支护将受到围岩挤压的影响,若围岩持续收缩,则初期支护所受荷载将超过其设计强度,这种情况下极易诱发大变形事故。

综上所述,两种不同工况下隧道围岩的主要变形模式不同,不考虑蠕变的工况下围岩主要以膨胀变形为主;考虑蠕变的工况下隧道围岩主要以压缩变形为主,隧道围岩变形较大。根据计算结果,在考虑蠕变的工况下隧道出现大变形灾害的可能性较大。

第4章 全风化砂页岩地层劈裂注浆扩散规律研究

本章通过室内试验得到了全风化砂页岩在不同含水率下的应力-应变曲线,分析了含水率对全风化砂页岩压密过程的影响,并拟合出全风化砂页岩压密数学模型以准确描述劈裂压密注浆过程全强风化砂页岩的压密过程。同时基于已有的劈裂注浆扩散算法,考虑全风化砂页岩非线性压密数学模型,对算法进行优化,开展了基于压密效应的全风化砂页岩地层劈裂注浆扩散过程计算分析,揭示了全风化砂页岩劈裂注浆扩散规律,分析了注浆速率、压密特性、浆液水灰比等因素对全风化砂页岩劈裂注浆扩散的影响。

4.1 全风化砂页岩压密特性室内试验研究

4.1.1 室内试验

通过对全风化砂页岩的压密过程进行室内试验研究,分析含水率对其压密特性的影响。通过侧限压缩试验得到不同压力条件下全风化砂页岩压缩变形曲线,建立了可以描述压缩过程的数学模型。为后文的劈裂压密注浆过程描述以及注浆加固效果研究做好试验准备。

1) 室内试验方法

依托江西萍乡莲花高速公路白竺 2 号隧道、白竺 3 号隧道、白竺 4 号隧道、莲花隧道工程,选取工程典型地层,取得全风化砂页岩土样如图 4-1、图 4-2 所示,该地层土样的一般含水率为 26%,在此土样基础上调整试验土样的地层初始含水率,使得土样的含水率在 12%、14%、16%、18%、20%、22%、24%、26%、28%、30%、32% 之间,依照《土工试验方法标准》(GB/T 50123—2019)进行试验。

固结试验采用南京土壤仪器厂生产的 WG 型单杠杆固结仪(三联高压)如图 4-3 所示,在实际注浆工程中,注浆压力区间一般为 0~4MPa,为了更好地模拟注浆过程,获得土体压密特性,对土样进行固结试验的荷载确定为 0~4MPa,施加荷载的顺序与重量梯度为:0、25kPa、50kPa、100kPa、200kPa、300kPa、400kPa、800kPa、1600kPa、3200kPa、4000kPa。新加一级荷载一个小时以内,高压固结仪百分表读数变化不超过 0.005mm,则可以认定在这一级荷载下,试样稳定不再压缩变形,可以进行下一步加载。

图 4-1　现场取样

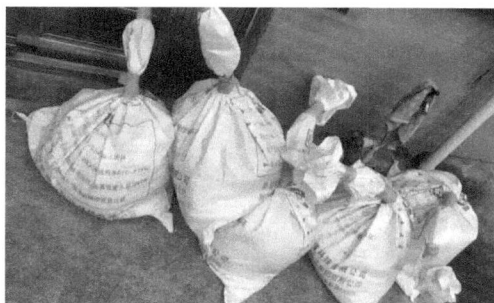

图 4-2　打包后土样

原状土试样的初始地层含水率调整后分为 11 组,各原状土试样地层初始含水率分别为 12%、14%、16%、18%、20%、22%、24%、26%、28%、30%、32%,部分固结后土样如图 4-4 所示。

图 4-3　WG 型单杠杆固结仪

图 4-4　部分固结后土样

2) 室内试验结果分析

以土体所受侧限固结应力为横坐标,以土体发生的压缩变形应变为纵坐标建立坐标系,绘制全强风化砂页岩的应力-应变曲线。不同地层初始含水率条件下土样的应力-应变曲线如图 4-5 所示。分析图 4-5 可知:

(1)在土体的压缩过程中,应变随着施加应力的增加而增加,并且增长过程呈现出明显的非线性特征。在较低的应力范围内(0~1600kPa),应变随应力迅速增加,在较高的应力范围内(1600~4000kPa),应变随应力增长而缓慢增加。这就说明全风化砂页岩发生压缩变形的难度随着压缩过程的推进而不断增加。在地层初始含水率在较小范围(12%~20%)时,当固结应力从 0 到达 1600kPa,地层初始含水率状土样的压缩变形量变化为 0.10 左右,占整个土层压缩过程总应变(0.14)的 70% 左右。

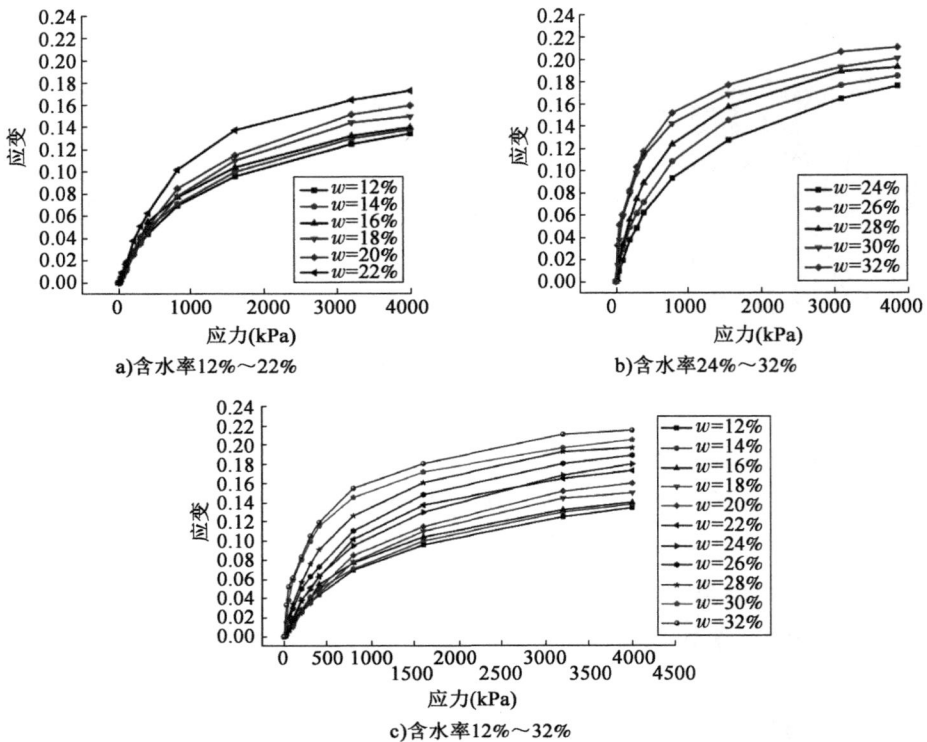

a)含水率12%～22%

b)含水率24%～32%

c)含水率12%～32%

图4-5　不同含水率条件下土样的应力-应变关系曲线

（2）土体的最终应变与地层的初始含水率有关系,地层初始含水率越大,土体的最终应变就越大,地层初始含水率为32%的土体在4000kPa压力作用下,最终应变为0.211,而地层初始含水率为12%的土体最终应变为0.123。

（3）不同初始含水率的土体应变随着固结应力的变化趋势基本一致,都是一个上凸的抛物线。初始含水率对土体的压密过程呈现阶段性的影响,当土体所受到的压应力处于较低范围(0～800kPa),土体的压缩应变量随应力增长较快,初始含水率较低的土层应变增长较慢;当压应力处于中间范围(800～3200kPa)时,土体的压缩应变量随应力增长速度逐渐变慢,而到了较高压力范围(3200～4000kPa),土体的压缩应变量随应力增长并不明显。

4.1.2　压密过程数学模型

为了能够更好地研究不同地层初始含水率情况下土体所受浆液压力与土体压缩变形的关系,基于已经得到的不同地层初始含水率情况下室内固结压缩试验数据,建立数学模型方程,拟合试验数据,建立不同地层初始含水率情况下全风化砂页岩压密过程的数学模型。

1）数学模型建立

根据前文室内侧限压缩试验,可以得到全风化砂页岩的压缩过程数字模型(应力-应变曲线)如图4-6所示,该应力-应变曲线穿过坐标轴的原点,既当不施加固结压力时,土体的压缩变形量为0。在施加固结应力的开始阶段,土体压缩变形量增加比较快,在固结应力增长到最大固结应力的一半(2000kPa)时,整体变形量就已经完成了70%以上,在压缩的中后期缓慢上升,这具有十分明显的非线性特性。因此拟合模型可以选用二次抛物线模型,经过拟合后的全强风化砂页岩在压缩固结过程中方程式为:

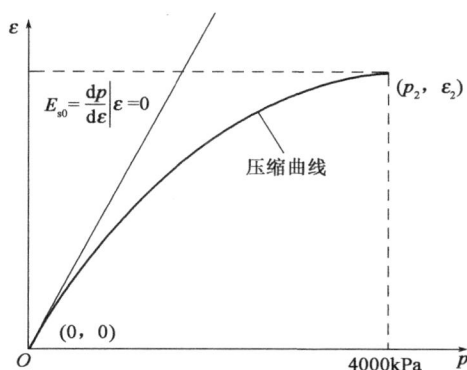

图4-6 压缩过程数学模型示意图

$$\varepsilon = A \sqrt{p+B} + C \qquad (4\text{-}1)$$

式中:ε——全风化砂页岩的土层应变;

p——土体所受应力;

A、B、C——分别为表征初始含水率等土体特性的待定常数。

初始压缩模量 E_{s0} 和最终应变 ε_2 用于拟合全风化砂页岩压缩曲线,初始压缩模量 E_{s0} 可以反映地层初始压缩段的压缩速度,而最终应变 ε_2 可以反映地层的最终压密程度。式(4-1)和 E_{s0},ε_2 中的常数项应满足以下条件:

(1)ε-p 曲线通过原点(0,0),即 $0 = A\sqrt{B} + C$;

(2)$E_{s0} = \dfrac{\mathrm{d}p}{\mathrm{d}\varepsilon}\Big| p = 0$;

(3)当 $p = 4000\mathrm{kPa}$ 时,$\varepsilon = \varepsilon_2$。

解方程可得不同地层初始含水率情况下全强风化砂页岩侧限压缩过程的拟合公式:

$$\varepsilon = \varepsilon_2 \sqrt{\frac{p}{p_2 - E_{s0}\varepsilon_2} + \frac{E_{s0}^2 \varepsilon_2^2}{4(p_2 - E_{s0}\varepsilon_2)^2}} - \frac{E_{s0}\varepsilon_2^2}{2(p_2 - E_{s0}\varepsilon_2)} \qquad (4\text{-}2)$$

与之前国内外学者研究得到的土体压缩模型相比,新公式更适用于全风化砂页岩,且能够拟合更高注浆压力(0~4MPa)作用下压缩变形过程中全风化砂页岩的应力-应变关系,并且具有较高的准确度。

2)模型参数确定

根据前文的研究,不同地层初始含水率情况下全风化砂页岩压密数学模型与最终应变 ε_2、初始压缩模量 E_{s0} 以及最大固结应力有关。

在全风化砂页岩压密的数学模型中,可以直接从测试数据中获得最终应变 ε_2,而初始压缩模量 E_{s0} 由割线压缩模量 0~50kPa 确定。只考虑不同地层初始含水率对全强风化砂页岩的初始压缩模量 E_{s0} 和最终应变 ε_2 的影响。对于全风化砂页岩,我们要通过拟合试验数据得到初始压缩模量 E_{s0} 和最终应变 ε_2 与初始含水率之间的定量关系。建立全风化砂页岩压密数学模型,为全风化砂页岩劈裂压密注浆过程的综合分析及其应用提供参考。同时也为后面的劈裂压密加固效果提供基础。

以地层初始含水率为横坐标、全风化砂页岩初始压缩模量为纵坐标,建立坐标系,土体初始压缩模量 E_{s0} 在不同地层初始含水率下的变化曲线如图4-7所示。

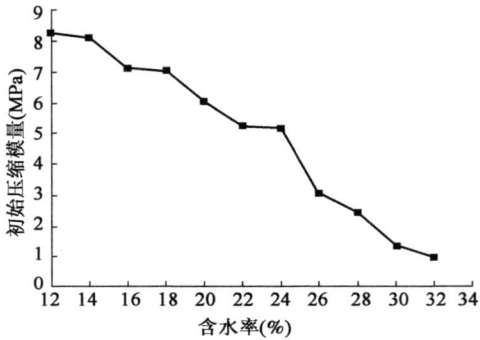

图 4-7 初始压缩模量 E_{s0} 与含水率的关系曲线

（1）由图 4-7 可知，在不同初始含水率条件下，全风化砂页岩初始压缩模量均不相同且随地层初始含水率变换而变化。当地层初始含水率为 12% 时候，全风化砂页岩的初始压缩模量最大，达到 8.23MPa，当地层初始含水率为 32% 时候，全风化砂页岩的初始压缩模量最小，只有 1.1MPa，这说明地层初始含水率越大，土体初始压缩模量 E_{s0} 越小，土体就越疏松，抵抗变形的能力就越弱。

（2）地层初始含水率为 12% ~ 32% 这一区间内的全风化砂页岩初始压缩模量变化基本呈线性变化，土体初始压缩模量与地层初始含水率的关系呈负相关，随着地层初始含水率提高，土体初始压缩模量 E_{s0} 也逐渐减小，这符合线性函数模型，因此可以采用线性函数模型对全风化砂页岩初始压缩模量 E_{s0} 与地层初始含水率关系进行拟合。

采用 Origin 数据分析软件对不同地层初始含水率 w_0 下的全风化砂页岩初始压缩模量 E_{s0} 进行线性数据拟合，土体初始压缩模量 E_{s0} 与地层初始含水率拟合关系式为：

$$E_{s0} = -0.39415w_0 + 14.03999 \tag{4-3}$$

式中：E_{s0}——土体初始压缩模量（MPa）。

拟合后拟合优度为 0.9964，拟合情况良好。

以地层初始含水率为横坐标、全风化砂页岩初始压缩模量为纵坐标建立坐标系，全风化砂页岩初始压缩模量 E_{s0} 与地层初始含水率关系的试验数据与拟合曲线如图 4-8 所示。由图 4-8 可以看出，全风化砂页岩初始压缩模量 E_{s0} 与地层初始含水率的拟合关系与实际试验数据基本重合，拟合优度为 0.9964，拟合情况良好。

土体在 $p = 4000$kPa 时的最终压缩应变量 ε_2 与地层初始含水率之间的关系也会影响土体压密数学模型的参数，以地层初始含水率为横坐标、土体最终压缩应变量 ε_2 为纵坐标建立坐标系，最终压缩应变量 ε_2 与地层初始含水率关系的关系如图 4-9 所示。

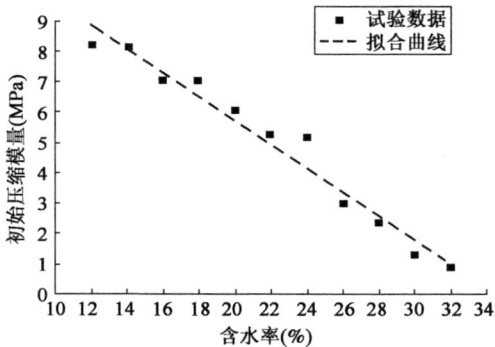

图 4-8 初始压缩模量 E_{s0} 与含水率关系试验数据与拟合曲线

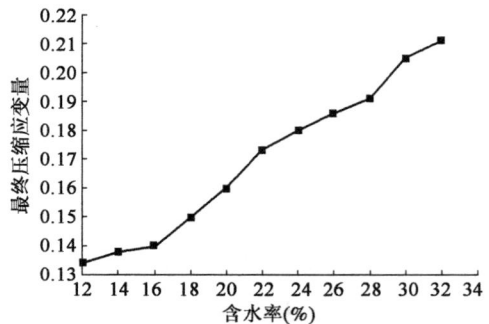

图 4-9 最终压缩应变量 ε_2 与含水率的关系曲线

（1）由图 4-9 可知，在不同初始含水率条件下，土体最终压缩应变量均不相同且随地层初始含水率变化而变化。当地层初始含水率为 12% 时，全风化砂页岩的最终压缩应变量最小,只有0.135;当地层初始含水率为32%时,土体的最终压缩应变量最大,达到0.213,比最小最终压缩应变量高出0.078,这说明地层初始含水率越大,土体的结构就越疏松,受到浆液的压力作用后越容易发生压缩变形,且压缩应变量越大。

(2)地层初始含水率为12% ~32%这一区间内的土体最终压缩应变量基本呈线性变化,土体初始压缩模量与地层初始含水率的关系呈正相关,随着地层初始含水率提高,土体初始压缩模量 E_{s0} 也逐渐增高,当地层含水率在13% ~17%和21% ~27%范围内,最终压缩应变量 ε_2 随地层含水率变化比较缓慢,而在其他范围内,最终压缩应变量 ε_2 随地层初始含水率变化相对较大,但从总体趋势上来看,最终压缩应变量 ε_2 随地层初始含水率 w_0 变化在含水率12% ~32%范围内是呈线性正相关关系,即地层初始含水率 w_0 越高,土体最终压缩应变量 ε_2 越大。

综上所述,土体最终压缩应变量 ε_2 与地层初始含水率变化关系符合一次线性函数模型,因此可以采用一次线性函数模型对土体最终压缩应变量 ε_2 与地层初始含水率关系进行拟合。拟合所用的程序为 Origin 绘图应用程序,拟合得到的方程式为:

$$\varepsilon_2 = 0.00408w_0 + 0.07613 \tag{4-4}$$

式中: ε_2 ——最终压缩应变量。

以地层初始含水率为横坐标、全风化砂页岩最终应变量为纵坐标建立坐标系,土体最终压缩应变量 ε_2 与地层初始含水率关系的试验数据与拟合数据如图4-10所示。由图4-10可以看出,土体最终压缩应变量 ε_2 与地层初始含水率的拟合关系与实际试验数据基本重合,拟合优度为0.98423,拟合情况良好。

结合前文的研究结果,将已经建立的土体压密过程数学模型与最终应变量 ε_2 公式以及初始压缩模量 E_{s0} 拟合公式相结合,可以得到一个完整的拟合公式[式(4-5)],该公式建立了全风化砂页岩的压密特性与地层含水率之间的定量关系。此公式可用于准确预测萍莲高速工程全强风化砂页岩劈裂压密注浆过程中土体的压密过程。

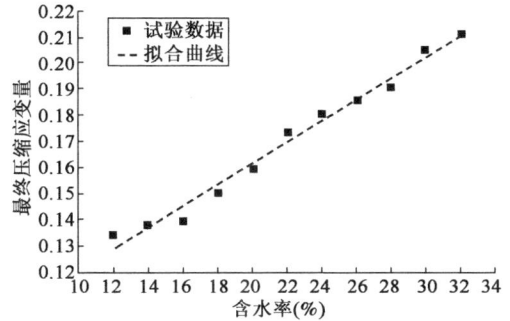

图4-10　最终压缩应变量 ε_2 与含水率关系试验数据与拟合曲线

$$\begin{cases} \varepsilon = \varepsilon_2 \sqrt{\dfrac{p}{p_2 - E_{s0}\varepsilon_2} + \dfrac{E_{s0}^2\varepsilon_2^2}{4\,(p_2 - E_{s0}\varepsilon_2)^2}} - \dfrac{E_{s0}\varepsilon_2^2}{2\,(p_2 - E_{s0}\varepsilon_2)} \\ E_{s0} = f(w_0) \\ \varepsilon_2 = g(w_0) \end{cases} \tag{4-5}$$

式中: ε ——土体压缩应变量;

p ——土体所受压应力(kPa);

E_{s0} ——土体初始压缩模量(MPa);

ε_2 ——土体在 $p = 4000$kPa 对应的最终压缩量;

w_0 ——地层初始含水率(%)。

该公式适用范围:(1)地层初始含水率在13%～33%区间内;(2)注浆过程中注浆压力在0～4MPa区间内。

选取典型工况的试验数据(地层初始含水率为18%、22%、26%、30%)与拟合结果进行对比,全风化砂页岩压密过程拟合情况与试验数据如图4-11所示,拟合得到的曲线与实际试验数据吻合对应情况良好。说明该公式可用于准确预测萍莲高速工程劈裂压密注浆过程中全风化砂页岩的压密过程。

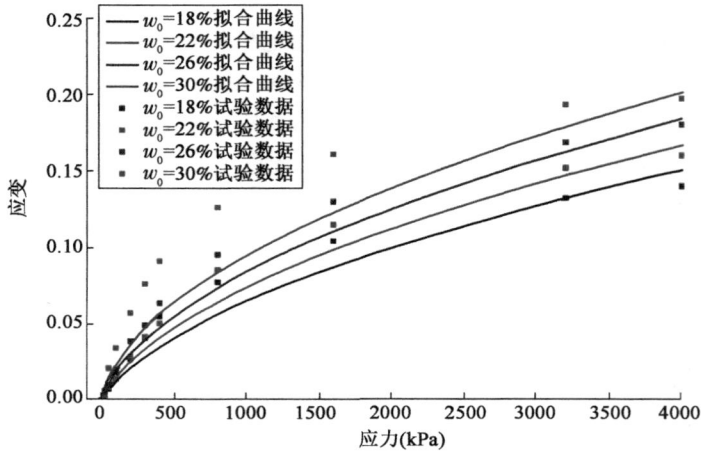

图4-11　压密过程拟合结果与试验数据对比

4.2　全风化砂页岩劈裂注浆扩散规律研究

4.2.1　注浆过程简化描述

1)物理模型

劈裂-压密注浆扩散过程是浆液在注浆压力作用下劈开土层并使劈裂通道不断扩展的过程,劈裂通道形成后,水泥浆液在劈裂通道内由注浆孔不断向浆液扩散前端移动。设定最小主应力方向为竖直方向,最大主应力方向为水平方向,浆液在土层中的劈裂-压密扩散过程如图4-12所示,浆液由注浆孔进入土层,在克服土体抗拉强度后,浆液沿着垂直于最小主应力的方向发生劈裂,浆液扩散形态可看作一个与注浆方向相垂直的"圆饼"形态。

2)浆液流动方程与劈裂通道开度方程

水泥浆液的本构方程为:

$$\tau = \tau_0 + \mu \dot{\gamma} \tag{4-6}$$

式中:τ——浆液剪切应力;

τ_0——浆液初始屈服应力;

μ——浆液黏度;

$\dot{\gamma}$——浆液剪切速率。

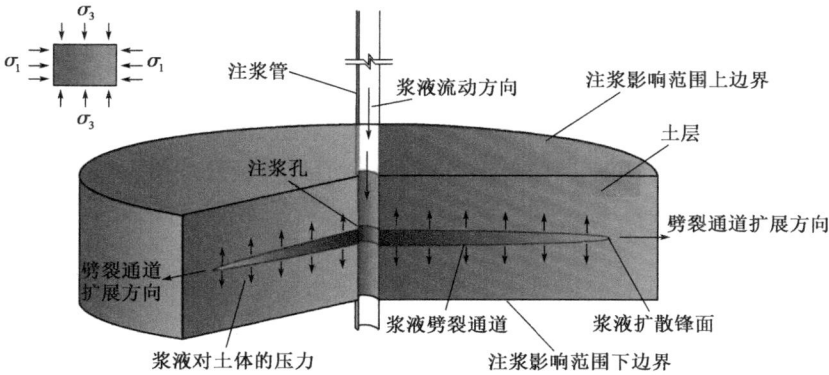

图 4-12　浆液在土层中的劈裂-压密扩散过程示意图

劈裂通道扩展压力为：

$$p_k = \frac{G(L/r_0)}{F(L/r_0)}\sigma_3 + \left[1 - \frac{G(L/r_0)}{F(L/r_0)}\right]\sigma_1 + \frac{K_1}{F(L/r_0)\pi L} \tag{4-7}$$

式中：　　　　p_k——劈裂通道扩展压力；

　　　　　　　r_0——注浆孔半径；

　　　　　　　L——劈裂通道长度；

$G(L/r_0)$、$F(L/r_0)$——分别为 L/r_0 的函数；

　　　　　　　K_1——劈裂缝扩展临界强度因子。

联立浆液本构方程,代入边界条件,得劈裂通道浆液流动控制方程：

$$\frac{dp}{dr} = -\frac{12\mu\bar{v}}{b^2} - \frac{3\tau_0}{b} \tag{4-8}$$

结合全风化砂页岩压密模型可得劈裂通道开度控制方程：

$$b = \frac{D\varepsilon_2}{p_2 - E_{s0}\varepsilon_2}\left(\sqrt{p(p_2 - E_{s0}\varepsilon_2) + \frac{E_{s0}^2\varepsilon_2^2}{4}} - \sqrt{\sigma_3(p_2 - E_{s0}\varepsilon_2) + \frac{E_{s0}^2\varepsilon_2^2}{4}}\right) \tag{4-9}$$

式中：D——注浆影响范围。

结合劈裂通道开度与浆液流量的控制方程,可以完全描述注浆的扩散过程。

4.2.2　劈裂通道动态扩展过程步进式算法改进

结合工程实际,在已有的砂层劈裂注浆步进式算法的基础上,针对全风化砂页岩这一特殊地层,考虑全风化砂页岩的地层性质,在算法程序中通过地层控制参数,引入不同含水率下全风化砂页岩的压密数学模型。将浆液扩散区域离散为有限个等间隔环形单元,在计算过程中随时追踪浆液扩散锋面位置,引入劈裂通道宽度控制方程和浆液流量控制方程,实现浆液与地层的耦合,通过迭代求解,最终实现全风化砂页岩劈裂-压密注浆扩散过程中劈裂通道动态扩展过程的完整描述。

劈裂通道动态扩展过程数值计算程序采用 MATLAB 编写,步进式算法的具体计算步骤如下：

(1)输入计算参数(浆液流型、地层含水率、注浆速率、初始地应力、注浆时间等)并设定初始状态。

(2)计算$(j-1)\Delta t \sim j\Delta t$时间段内注浆量及$j\Delta t$时刻注浆流量。

(3)初始迭代状态赋值，包括浆液扩散半径、劈裂通道开度变化量及特征节点数。

(4)计算不同节点处劈裂通道开度，环形单元平均劈裂通道开度及平均劈裂通道开度变化量。

(5)计算$(j-1)\Delta t \sim j\Delta t$时间段内环形单元劈裂通道张开体积并更新浆液扩散半径。

(6)计算不同节点处浆液流量及浆液流速，环形单元平均流速。

(7)根据浆液流动控制方程计算浆液扩散区域内浆液压力分布。

(8)根据劈裂通道变形控制方程更新不同节点处劈裂通道开度及劈裂通道开度变化量。

(9)重复步骤(4)~(8)直至满足劈裂通道变形及浆液流畅收敛条件。

(10)计算第$j\Delta t$时刻浆液扩散半径、特征节点数、浆液压力分布、劈裂通道开度分布等相关物理量。

(11)更新时间步，返回步骤(2)进行新一轮求解。

4.2.3 注浆扩散规律及影响因素分析

依托萍莲高速注浆加固工程，对劈裂-压密注浆扩散过程进行综合分析。根据地质勘查报告，该地层的地层初始含水率为26%。工程埋深60~150m，计算取平均地层埋深$H=100$m，隧道上覆地层平均重度$\gamma=20.4$kN/m³。得到初始地应力$\sigma_0=2040$kPa，进而可以得到全风化砂页岩的初始应变ε_0。因为在实际注浆工程中，浆液扩散时注浆压力对两侧土层的劈裂压密范围比较小，因此在模拟注浆中设置一个浆液影响最大范围，取注浆影响范围$D=0.2$m，切合工程实际。

模拟注浆过程中，选取工程中常用的注浆速率和注浆时间作为典型工况，分析注浆过程。典型工况的注浆基本参数为注浆速率$q=75$L/min，注浆时间$t=60$min。依据已有的实际工程注浆浆脉研究经验可知，浆液前端的水泥浆液浆脉并不为零，而是有一定的体积与厚度。为了反映实际情况，参考模拟测试结果将水泥浆液前端的劈裂通道的开度确定为0.2cm。分别选取注浆速率$q=50$L/min、75L/min、100L/min，设置不同的注浆速率，得到注浆工程中注浆速率和土体压密特性对全风化砂页岩劈裂压密注浆扩散过程的影响。参考实际注浆工程中相关参数的范围，全风化砂页岩初始含水率w_0分别设定为$w_0=22\%$、26%、30%，三种地层初始含水率对应的土体压缩变形的关键参数A、B、C以及其他各种控制参数见表4-1。

模拟劈裂压密注浆扩散过程的关键注浆参数　　　　　表4-1

模拟注浆过程组号	地层初始含水率w（%）	土体变形控制参数A	土体变形控制参数B	土体变形控制参数C	地层初始地应力（kPa）	注浆速率（L/min）	浆液水灰比
1	22	0.094713	0.064639	−0.02408	2040	50	$w/c=0.8$
2	22	0.094713	0.064639	−0.02408	2040	75	$w/c=0.8$
3	22	0.094713	0.064639	−0.02408	2040	100	$w/c=0.8$

模拟注浆过程组号	地层初始含水率 w（%）	土体变形控制参数 A	土体变形控制参数 B	土体变形控制参数 C	地层初始地应力（kPa）	注浆速率（L/min）	浆液水灰比
4	26	0.101248	0.036853	−0.019437	2040	50	$w/c=0.8$
5	26	0.101248	0.036853	−0.019437	2040	75	$w/c=0.8$
6	26	0.101248	0.036853	−0.019437	2040	100	$w/c=0.8$
7	26	0.101248	0.036853	−0.019437	1224	75	$w/c=0.8$
8	26	0.101248	0.036853	−0.019437	2856	75	$w/c=0.8$
9	26	0.101248	0.036853	−0.019437	2040	75	$w/c=1.0$
10	26	0.101248	0.036853	−0.019437	2040	75	$w/c=0.9$
11	30	0.106671	0.013963	−0.012605	2040	50	$w/c=0.8$
12	30	0.106671	0.013963	−0.012605	2040	75	$w/c=0.8$
13	30	0.106671	0.013963	−0.012605	2040	100	$w/c=0.8$

选取地层初始含水率 $w_0=26\%$，地层初始地应力 2040kPa，注浆过程注浆速率 $q=75\text{L/min}$，选用水灰比 $w/c=0.8$ 的水泥浆液作为典型注浆工况，模拟全风化砂页岩劈裂-压密注浆扩散过程并分析全风化砂页岩劈裂压密注浆浆液扩散规律。

$w/c=0.8$ 的水泥浆液的本构模型流体类型为宾汉流体，流变本构方程为：

$$\tau=\tau_0+\mu\dot{\gamma} \tag{4-10}$$

式中：τ——剪切应力（Pa）；

τ_0——初始剪切应力（Pa），$\tau_0=5.321\text{Pa}$；

μ——浆液黏度（Pa·s），$\mu=0.0229\text{Pa·s}$；

$\dot{\gamma}$——浆液剪切速率（s^{-1}）。

1）扩散过程描述及浆液扩散规律分析

（1）浆液压力及劈裂通道形态时空分布特征。

不同注浆时间 $t=7.5\text{min}$、$t=15\text{min}$、$t=30\text{min}$、$t=45\text{min}$、$t=60\text{min}$ 下，注浆压力及劈裂通道开度的空间分布情况如图 4-13 所示。

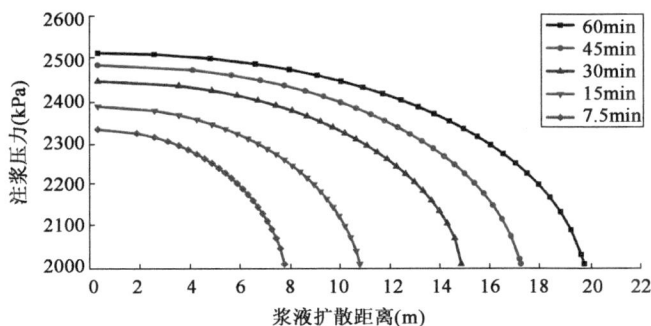

a)注浆压力

图 4-13

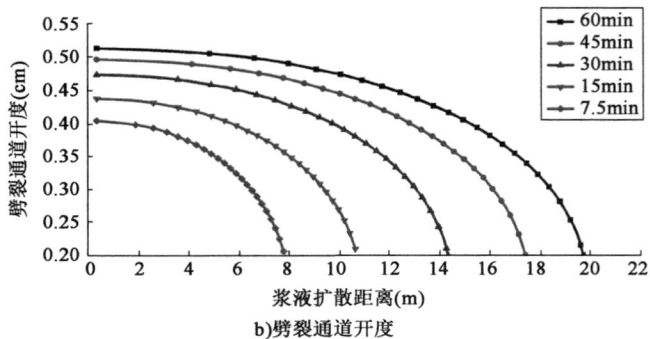

b)劈裂通道开度

图4-13 浆液压力及劈裂通道开度空间衰减曲线

分析图4-13可知：

①当 $t=60\text{min}$ 时，注浆孔处的浆液压力达到2510kPa，浆液扩散前端的浆液压力为2040kPa，与设置的地应力一致，注浆孔与浆液扩散前端的压差为470kPa。当 $t=60\text{min}$ 时，注浆孔处分流通道的开口为0.51cm，浆液扩散前端处的分流通道的开口为0.2cm，这与浆液扩散前端的浆脉厚度相同。注浆孔处的开度与浆液扩散前端的开度相差了0.31cm。

②在浆液流动通道内，浆液压力随所在位置距注浆孔的距离变大而逐渐减小，在浆液流动的方向上，浆液压力随所在位置距离注浆孔的距离变大而减小的趋势越来越明显。浆液压力的下降速度在注浆孔处附近很缓慢，但是当浆液扩散到距离注浆孔比较远的地方时，浆液压力下降得比较明显。根据前文得到的研究结果公式，浆液劈裂通道开度越大而注浆压力差会越小，因为浆液劈裂通道开度沿着注浆通道会随着浆液流动和劈裂通道拓展而缓慢变小，且变小的幅度会逐步降低，因此，在浆液扩散方向上，最前端浆液的压力变小幅度要大于注浆孔处的压力变小幅度。

③注浆压力在不同注浆时间段内的衰减程度是不同的。以注浆时间 $t=60\text{min}$ 为例，在注浆的前半段，注浆压力随着浆液扩散距离的增加而缓慢降低，但是降低的幅度是在缓慢增大的，随着注浆时间的增加，浆液扩散到更远的距离，注浆压力随着浆液扩散距离的增加而降低的幅度越来越大，到注浆的后半段，注浆扩散到较远距离时，注浆压力与浆液扩散距离的变化曲线甚至快要变成一条竖直的线。这就说明，注浆扩散距离越远，越需要更高的注浆压力。

④提高注浆时间，注浆孔附近的注浆压力的变化趋势要远远小于注浆孔附近的浆液扩散距离变化趋势。同样是注浆时间从 $t=7.5\text{min}$ 增加到60min，注浆孔附近注浆压力从2340kPa变化到2510kPa，变化了170kPa，约7.26%，但是，注浆孔处浆液的扩散距离从7.61m变化到19.88m，变化了154.7%，因此可以得出结论，浆液压力在注浆过程中变化不大。

⑤由于浆液压力的变化范围（2040~2510kPa）相对较小，因此在该压力范围内，土体的压缩变形的非线性关系不明显。因此劈裂压密注浆过程中，浆液劈裂通道开度的空间分布与浆液压力的空间分布基本一致。

为了研究所在浆液扩散通道位置不同，浆液压力和浆液劈裂通道开度的变化情况，选取距离注浆孔距离不同（0m、5m、10m、15m）的四个典型位置记录浆液压力和劈裂通道开度变化情况。分别以注浆时间为横坐标、浆液压力和劈裂通道开度为纵坐标建立坐标系。得到不同位置上浆液压力及劈裂通道开度随时间变化情况如图4-14所示。

a)注浆压力

b)劈裂通道开度

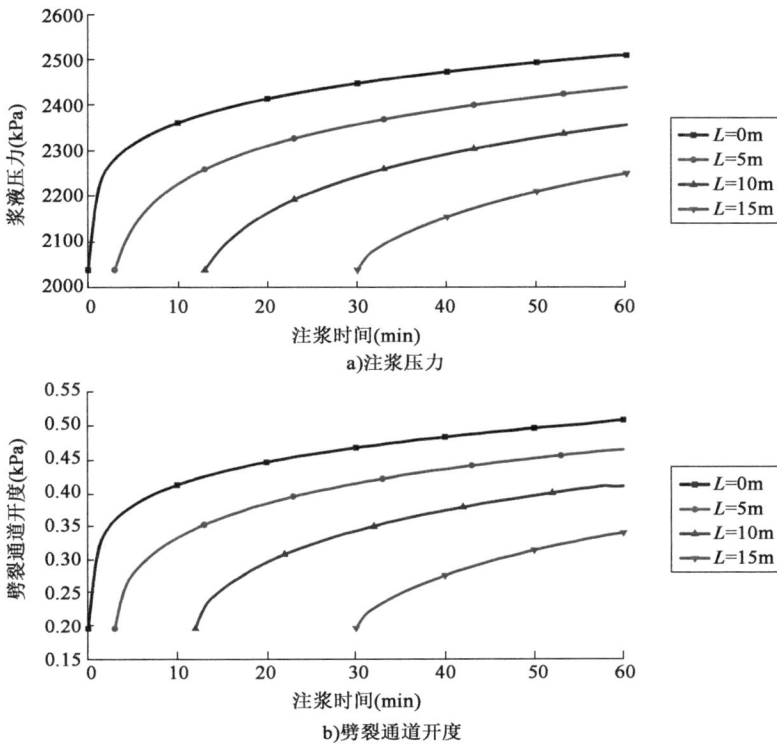

图4-14 不同位置浆液压力及劈裂通道开度与注浆时间的关系曲线

分析图4-14可知:

①在劈裂压密注浆过程中,距离注浆孔不同位置的浆液压力相继在不同的时间增加。当浆液扩散前端到达某个距离注浆孔处一定距离的位置时,该位置处的浆液压力从初始应力2040kPa开始增加。尽管四个特征位置在空间上等距分布,相差的距离都是5m,但实际上随着特定位置距注浆孔处距离的增加,浆液压力开始变化的时间会有一个明显的延期。距离注浆孔5m位置,浆液压力在3min左右就开始增加,而在距离注浆孔10m位置的时候,浆液压力在12min才开始增加,12min与3min相差了9min,距离注浆孔10m位置和距离注浆孔15m位置的浆液压力增加时间之间更是相差了18min,这说明在劈裂通道内不同位置下,浆液压力增长的时间相对于距注浆孔的距离不同的改变有着明显的滞后,分析原因应该是与水泥浆液的圆状扩散形式有关,不同位置下劈裂通道开度随时间变化的趋势也能印证此观点。

②随着注浆的不断推移,注浆时间不断增加,浆液压力随注浆时间的增长速度逐渐降低,浆液压力-时间的变化曲线趋于平坦,特别是在注浆孔附近,浆液压力在0~10min内从2040kPa增加到2360kPa,占整个60min注浆过程浆液压力变化的90%以上;而在之后的50min里,浆液压力从2360kPa升高到2510kPa,变化比较小,仅占整体变化的约10%。另外,由图4-14可以看出,在浆液劈裂通道中,距离注浆孔的距离越远,浆液压力随时间变化越不明显、越平缓,浆液压力与注浆时间的曲线甚至越来越接近稳定。

③劈裂通道开度与时间的关系与浆液压力与时间的关系基本相同,也是刚开始随着时间

变化比较大,后来随注浆时间的变化不太明显,甚至逐渐接近稳定不再随注浆时间变化。不同位置的劈裂通道开度的变化与距离注浆孔的距离之间也存在滞后性。

(2)注浆压力及扩散半径与注浆时间的关系。

以注浆时间为横坐标、注浆压力及注浆扩散距离为纵坐标建立坐标系如图4-15所示,研究注浆压力及扩散距离与注浆时间的关系。

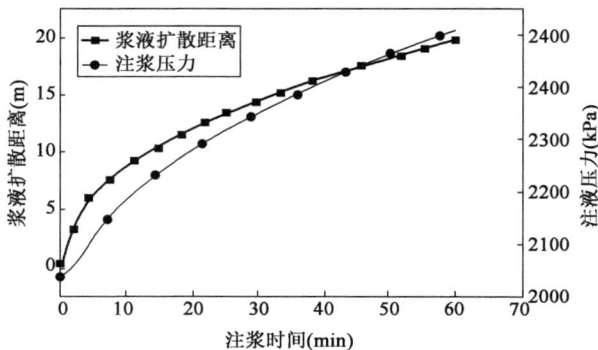

图4-15　注浆压力及浆液扩散半径随注浆时间变化曲线

分析图4-15可知:

①在注浆过程中,当时间 $t=0$ 时,注浆压力为2041kPa,这一数据与初始地应力相等。当注浆压力渐渐大于初始地应力时,浆液克服初始地应力,全风化砂页岩被劈开,劈裂通道形成,浆液开始流动。当注浆结束,注浆时间 $t=60$min 时,注浆压力达到2510kPa,比初始地应力和初始注浆压力提高了470kPa。在整个注浆过程中,注浆压力与注浆时间的关系是一个非常显著的非线性正相关关系。在注浆刚刚开始时,注浆压力迅速增加,当注浆接近尾声,注浆压力的变化速率逐渐减慢。在注浆过程前期 0～10min 内注浆压力从2040kPa增加到2250kPa,达到最终注浆压力2510kPa的44%,而注浆时间仅占整个注浆时间的1/6。而在注浆中后期 30～60min,注浆压力仅从2380kPa增加到了2510kPa,增加了约27%,但是注浆时间占了整个注浆时间的50%。

②随着注浆进行,浆液扩散距离由 0 开始增长,到 $t=60$min 时,浆液扩散距离增长到最大扩散距离(19.98m),在注浆刚刚开始时,浆液扩散距离随着时间增加而迅速增加,当注浆接近尾声(30～60min)时,扩散距离的变化速率逐渐减慢。

③在注浆过程的后半段,注浆压力以及浆液扩散距离与注浆时间的关系变化情况相同。从理论上来说,如果没有注浆时间的限制,浆液可以在通道内一直劈裂扩散,所以需要的注浆压力也会越来越大,这在实际工程中并不经济。

④由于注浆过程中 $q=75$L/min,因此,浆液扩散距离随注浆量的变化趋势可以用浆液扩散距离随注浆时间变化的趋势来表示。在注浆初期,连续注浆可以迅速提高浆液扩散半径,但是因为注浆扩散的形状是一个扁圆形状的饼状体,因此随着注浆不断进行,注浆时间不断增加,注浆扩散距离的增加会越来越困难,因为要有大量的浆液用来填补劈裂形成的劈裂通道,而在实际注浆加固工程中想要通过不断增加注浆量来提高注浆扩散距离变得越来越不经济。

（3）最终注浆压力与浆液扩散距离的关系。

以注浆最终压力为横坐标、以注浆扩散距离为纵坐标建立坐标系，得到注浆时间 $t=60\text{min}$ 时候的注浆终压与浆液扩散距离的关系曲线如图 4-16 所示。

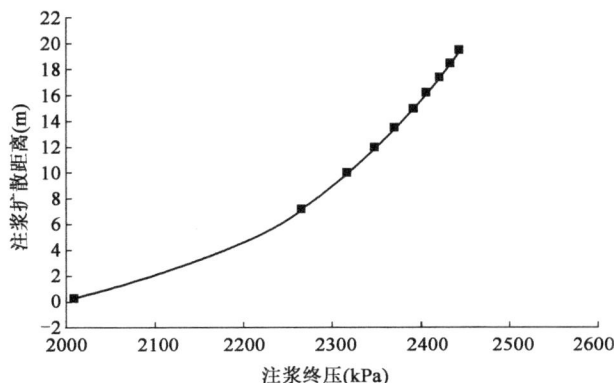

图 4-16　注浆终压与浆液扩散距离的关系曲线

①如图 4-16 所示，最终注浆压力与浆液扩散距离之间的关系呈非线性正相关，曲线形状与一元二次函数曲线类似。随着注浆最终压力的增加，浆液的扩散距离也一直在增加。当最终注浆压力较低时，由最终注浆压力的增加引起的扩散距离的增加不明显。当最终注浆压力在较高范围内时，最终注浆压力的增加对扩散距离的影响逐渐增大。

②当注浆最终压力为 2500kPa 时，相应的浆液扩散距离为 19.98m。但是在注浆终压比较小（2100～2350kPa）的阶段，提高注浆终压并不能使得注浆扩散距离有明显的提升，比如当注浆终压从 2100kPa 增加到 2400kPa，增加了 300kPa，占整个注浆终压的 75%，但是注浆扩散距离仅仅从 0 增加到 10m，占了总扩散距离的 50%。

2）注浆速率的影响

改变不同的注浆速率 $q=50\text{L/min}$、75L/min、100L/min，不改变其他的计算条件（地层含水率、初始地应力、浆液水灰比）。可以得到注浆速率对扩散过程的影响。

（1）注浆速率对通道开度空间分布的影响。

如图 4-17 所示，以全风化砂页岩劈裂-压密注浆扩散距离为横坐标、以劈裂通道开度为纵坐标建立坐标系，选取注浆时间 $t=15\text{min}$、30min、60min，研究注浆速率与浆液扩散过程之间的关系。

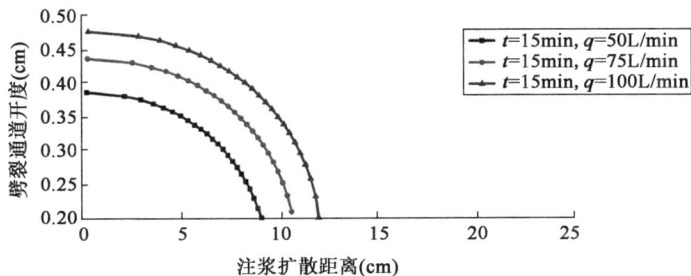

a)

图　4-17

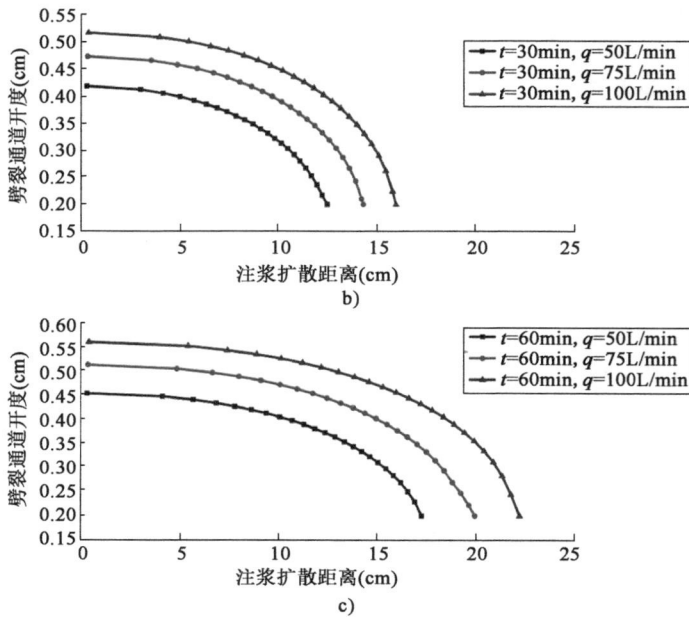

图 4-17　不同注浆速率时浆液扩散过程描述

①由图 4-17 可知,改变注浆速率,在相同注浆时间内,注浆速率与劈裂通道开度之间的关系非常密切。在相同注浆时间内,注浆工程所使用的注浆速率越大,浆液扩散距离和劈裂通道开度也越大。当 $t=15\text{min}$、$t=30\text{min}$、$t=60\text{min}$ 时,对应的注浆速率 $q=100\text{L/min}$ 的浆液扩散距离是 50L/min 的约 1.3 倍。在注浆时间相同的情况下,注浆孔处附近,注浆速率 $q=100\text{L/min}$ 时的劈裂通道开度也是 50L/min 时的 1.3 倍。虽然注浆速率 100L/min 是注浆速率 50L/min 的 2 倍,但是开度和浆液扩散距离只相差 1.3 倍。

②在不同注浆时间、相同注浆速率的情况下,注浆扩散的最终距离改变比较明显,当注浆速率 $q=50\text{L/min}$ 时,注浆时间 $t=15\text{min}$ 时的最终注浆扩散距离为 9.2m,注浆时间增长到 $t=30\text{min}$,最终注浆扩散距离也增长到 12.3m,时间增长 1 倍,注浆扩散距离增长了 33%。

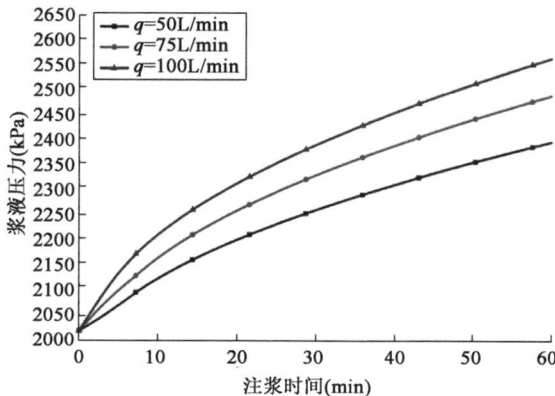

图 4-18　不同注浆速率条件下注浆压力与时间关系曲线

(2)注浆速率对注浆压力的影响。

以注浆时间为横坐标、注浆压力为纵坐标,不同注浆速率条件下对应的注浆压力与时间关系如图 4-18 所示。

①由图 4-18 可知,改变注浆过程中的注浆速率,对应的注浆过程注浆压力会有相应的提高。但是注浆压力随注浆时间变化的趋势基本一致,都是在注浆前期变化较大,中后期偏向平缓,不会随着注浆速率的改变而改变。

②此外,当注浆时间来到 60min 时,注浆速率为 100L/min 时的注浆最终压力比

注浆速率为 50L/min 时的注浆压力高 200kPa,而注浆速率为 75L/min 时的注浆最终压力比注浆速率为 50L/min 时的注浆压力高 110kPa,这就说明,注浆压力的增长与注浆速率的增长不成比例。分析原因可能是劈裂通道开度的增加会抵消一部分浆液扩散压力,因此注浆压力的增大幅度会比注浆速率提高的幅度更小一点。

（3）注浆速率对浆液扩散距离的影响。

如图 4-19 所示,选择不同注浆速率下注浆时间-注浆扩散距离曲线、注浆量-注浆扩散距离曲线来分析不同注浆速率情况下浆液扩散距离受到的影响。

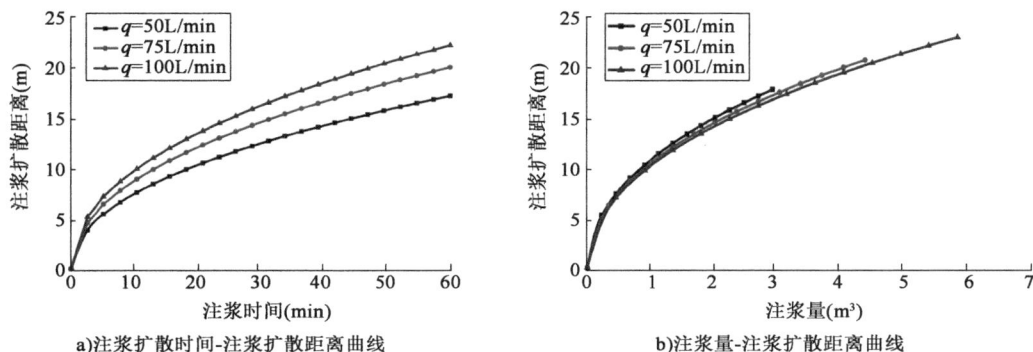

a)注浆扩散时间-注浆扩散距离曲线　　　　b)注浆量-注浆扩散距离曲线

图4-19　不同注浆速率对浆液扩散距离的影响

分析图 4-19 可知:

①在同一时刻,高注浆速率所对应的浆液扩散距离大于低注浆速率对应的扩散距离,而注浆扩散距离随注浆时间增长的扩大趋势呈现一个开始快、后来慢的趋势,增长趋势越来越不明显。

②在不同注浆速率的情况下,浆液扩散距离与注浆终压的关系差异比较大,在相同时间内,较低的注浆速率更容易达到更高的注浆扩散距离,分析原因可能是因为在注浆速率比较高的时候,相应的浆液扩散阻力就比较大,所以相应的注浆扩散距离也就更小。

③改变注浆速率对浆液扩散距离和注浆量关系影响不大,改变注浆速率只会影响注浆扩散距离。在注浆时间相同的情况下,低注浆速率相对于高注浆速率更容易提高注浆扩散距离,分析原因可能是因为在注浆速率比较高的时候,相应的阻力就越大,所以劈裂通道开度变大,这样会导致大量的水泥浆液被用来填充注浆劈裂通道,而注浆量又是一定的,因此高注浆速率情况下浆液扩散距离更短。

3）压密特性的影响

在劈裂压密注浆过程中,土体的初始地层含水率 w_0 会影响土体的压密特性,进而影响整个的劈裂压密注浆过程。不改变其他注浆参数,选用水灰比 $w/c = 0.8$ 的水泥浆液,设置注浆速率 $q = 75L/min$,注浆时间 $t = 60min$,设置不同的地层初始含水率 $w_0 = 22\%$、26%、30%,进行劈裂压密注浆过程模拟,分析不同初始地层含水率对整个注浆过程的影响。

（1）劈裂通道开度与土体初始含水率的关系。

通过改变土体的地层初始含水率,进而改变其压密特性。以注浆扩散距离为横坐标、以劈裂通道开度为纵坐标,取不同时间 $t = 15\text{min}$、30min、60min 作图描述注浆过程,注浆过程的劈裂通道开度变化如图 4-20 所示。

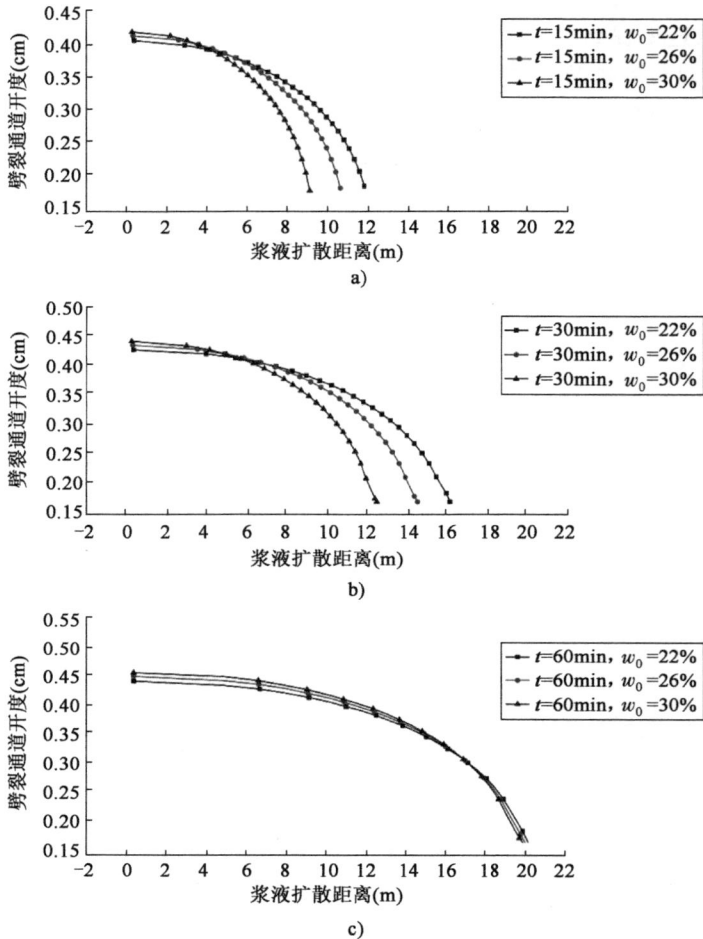

图 4-20　不同含水率劈裂通道开度空间分布对比

由图 4-20 可知:

①在相同的时间内,改变地层的初始含水率,注浆扩散距离和劈裂通道开度都发生变化,当注浆时间 $t = 15\text{min}$ 时,不同的地层初始含水率对应的注浆扩散距离也不同。初始地层含水率 30% 的注浆扩散距离为 9m,而地层初始含水率为 26% 和 22% 的注浆扩散距离分别为 11m 和 12m,这表明在 22% ~30% 区间,地层含水率越高,注浆过程更顺利,相同时间内的注浆扩散距离越大。这一趋势在注浆时间 $t = 15\text{min}$ 和 $t = 30\text{min}$ 时比较明显,但是当注浆时间 $t = 60\text{min}$ 时,不同的初始地层含水率反而对整个注浆过程没有太大的影响。

②尽管注浆采用了不同时间 $t = 15\text{min}$、30min、60min,但注浆过程中,劈裂通道开度随着注浆扩散距离变化规律基本一致。在相同时刻,地层初始含水率从 22% 增长到 30%,劈裂通道的开度增加了约 0.02cm,注浆扩散距离减少了 2m 左右。分析原因可能是,土体的压密特性与地层初始含水率呈负相关,地层初始含水率越高,地层越容易被压缩变形。因此,地层初始含

水率越高,劈裂通道开度也就越大。而注浆速率是相同的,劈裂通道开度大,相应的注浆扩散距离也就减小。

（2）注浆压力与土体不同初始含水率的关系。

以注浆时间为横坐标、以注浆压力为纵坐标描述注浆过程。如图4-21所示,改变土体的初始含水率 $w_0 = 22\%$、$w_0 = 26\%$、$w_0 = 30\%$,得到的注浆压力随注浆时间的变化曲线基本一致,都是前中期增长较快,中后期的增长较缓慢。随着地层初始含水率增加,相同时间内的注浆压力减小。当 $t = 60\text{min}$,地层初始含水率 $w_0 = 22\%$ 对应的注浆压力为 2510kPa,而相同时间里,地层初始含水率 $w_0 = 26\%$ 和 $w_0 = 30\%$ 对应的注浆压力分别为 2490kPa 和 2480kPa,分别比地层初始含水率 $w_0 = 22\%$ 对应的注浆压力低了约20kPa。分析原因可能是,地层的初始含水率越大,压密特性越差,土体越容易被压密。因此,在同一时刻,劈裂通道开度会变大,又因为注浆速率相同,注浆扩散距离会减小。由上文的浆液流动控制方程可知,劈裂通道开度增大和浆液扩散距离变短都会导致注浆压力减小。

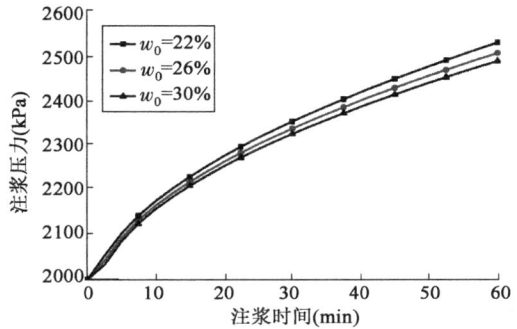

图4-21　不同含水率情况下注浆压力对比

（3）初始含水率 w_0 与浆液扩散距离的关系。

以注浆时间为横坐标、注浆扩散距离为纵坐标作图得到不同地层初始含水率下注浆扩散距离和时间的关系曲线,以注浆终压为横坐标、以注浆扩散距离为坐标作图得到不同地层初始含水率下注浆终压和注浆扩散距离的关系曲线,如图4-22所示。

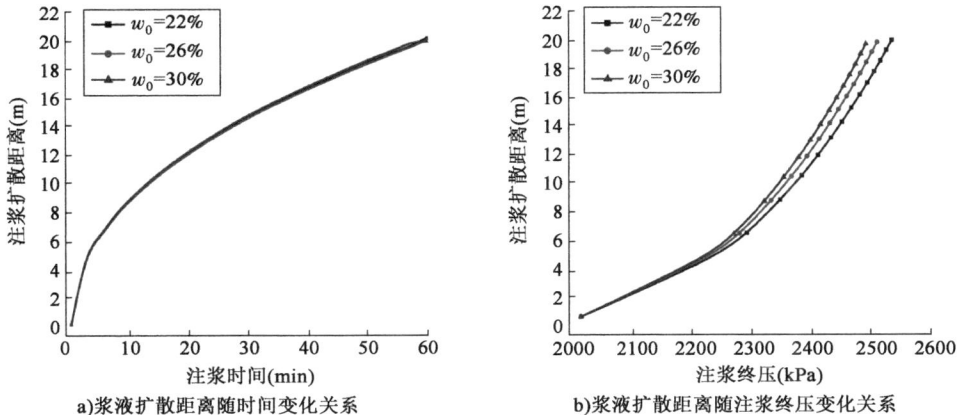

a)浆液扩散距离随时间变化关系　　　　　b)浆液扩散距离随注浆终压变化关系

图4-22　不同地层初始含水率与浆液扩散距离的关系曲线

分析可知:改变地层的初始含水率,注浆扩散距离随着注浆时间的变化趋势基本一致,差别并不明显。地层初始含水率 $w_0 = 22\%$、$w_0 = 26\%$、$w_0 = 30\%$ 对应的注浆扩散距离随时间变化趋势都是在注浆初期快速增长,而后在注浆中后期,随着时间推移,注浆扩散距离随时间缓慢增长,最后在 $t = 60\text{min}$ 时,三种地层初始含水率对应的土体注浆扩散距离都稳定在 20m 左右,改变地层初始含水率对注浆扩散距离影响不大。在其他注浆参数都相同的情况下,改变地层初始含水率,注浆扩散距离变化不大,都在 20m 左右,当地层初始含水率为 22% 时,注浆终压为 2530kPa;而当地层初始含水率增长到 26% 和 30% 时,注浆终压下降到 2510kPa 和 2480kPa,相对于地层初始含水率时降低了 20kPa 和 50kPa,降低并不是十分明显,这也验证了增加地层初始含水率,注浆扩散阻力会相应减小,注浆终压也就随之减小。

4)浆液水灰比的影响

在劈裂压密注浆过程中,所用的水泥浆液的水灰比会影响水泥浆液的本构模型,进而影响整个的劈裂压密注浆过程。本节不改变其他注浆参数,设置地层初始含水率为 26%,注浆速率 $q = 75 \text{L/min}$,注浆时间 $t = 60 \text{min}$,水灰比为 $w/c = 0.8$、$w/c = 0.9$、$w/c = 1.0$,进行劈裂压密注浆过程模拟,分析使用水灰比不同的水泥浆液对整个注浆过程的影响。

水泥浆液的本构方程为 $\tau = \tau_0 + \mu\dot{\gamma}$,式中 τ_0 为初始剪切应力;μ 为浆液黏度;$\dot{\gamma}$ 为浆液剪切速率。因为水泥浆液的水灰比不同,水泥浆液的初始剪切应力和浆液黏度都不同,三种典型水灰比的水泥浆液的初始剪切应力和浆液黏度见表 4-2。

不同水灰比的水泥浆液基本力学参数   表 4-2

模拟注浆过程编号	水灰比 w/c	$\tau_0(\text{Pa})$	$\mu(\text{Pa}\cdot\text{s})$
1	1.0	1.563	0.0096
2	0.9	1.884	0.0119
3	0.8	5.321	0.02294

(1)不同水灰比情况下注浆过程描述。

选择不同水灰比情况下的浆液模拟注浆过程,以注浆扩散距离为横坐标,劈裂通道开度为纵坐标,注浆时间分别选取 $t = 15 \text{min}$、$t = 30 \text{min}$、$t = 60 \text{min}$,描述水泥浆液在注浆过程中的空间分布如图 4-23 所示。

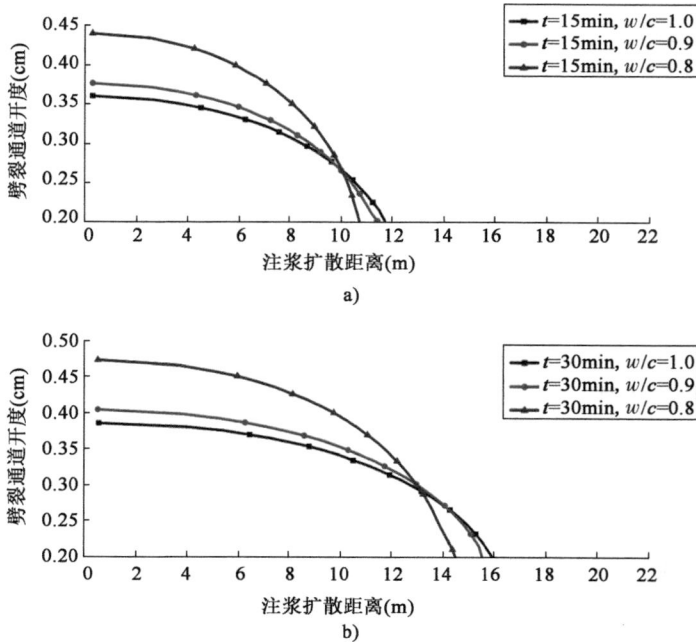

a)

b)

图 4-23

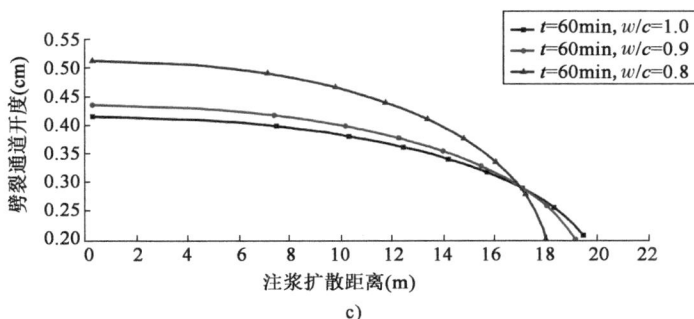

图 4-23　不同水灰比浆液对劈裂通道开度空间分布的影响

如图 4-23 所示,选用不同水灰配比情况下的浆液进行注浆,劈裂压密注浆过程中浆液的空间分布差别很大。当注浆时间 $t = 60\min$ 时,水灰比 $w/c = 0.8$、$w/c = 0.9$、$w/c = 1.0$ 的浆液注浆扩散距离分别为 22m、21.5m、20.1m,而在注浆孔附近,水灰比 $w/c = 0.8$、$w/c = 0.9$、$w/c = 1.0$ 的浆液劈裂通道开度分别为 0.41cm、0.43cm、0.51cm,最高相差约 20%。分析原因可能是改变注浆水泥浆液的水灰比,浆液的初始剪切应力和浆液黏度都会变化,水灰比 $w/c = 0.8$ 的浆液初始剪切应力和浆液黏度均大于水灰比 $w/c = 0.9$ 和 $w/c = 1.0$ 的水泥浆液,所以在其他注浆条件不变的情况下,由于水灰比越小,浆液的黏滞性就越大,对应的浆液扩散时候的阻力就越大。因为在注浆过程中注浆速率是一定的,注浆时间也是一定的,因此注浆量是确定不变的,劈裂通道开度增大,注浆扩散距离也就减小。另外,对比不同注浆时间 $t = 15\min$、$t = 30\min$、$t = 60\min$ 的浆液空间分布,可以看出,注浆时间从 $t = 15\min$ 增加到 $t = 60\min$,增加了 4 倍,但是注浆扩散距离仅仅从 11m 左右增加到了 20m 左右,增加了 9m 约 1 倍,由此可知,在工程中想要通过盲目增加注浆时间获得更大的注浆扩散距离并不可行,不是特别经济。

（2）注浆压力变化情况。

以注浆时间为横坐标、注浆压力为纵坐标,选取不同水灰比的浆液,对比注浆过程中注浆压力的变化如图 4-24 所示。

①由图 4-24 可知,选用三种典型水灰比的浆液进行注浆,在注浆过程初期（0 ～ 15min）,随着时间增长,注浆压力从 2040kPa 不断增长到 2210kPa,增长了 170kPa,占整个增长过程的 30% ~ 40%,而时间只用了总注浆时间的 25%,增长速率比较迅速。而在注浆的中后段（15 ~ 60min）,随着时间的增长,注浆压力的增速渐渐变慢,特别是到了 30min 之后,各个水灰比的浆液压力与时间基本呈线性关系,随着时间的推进,压力缓慢增大。

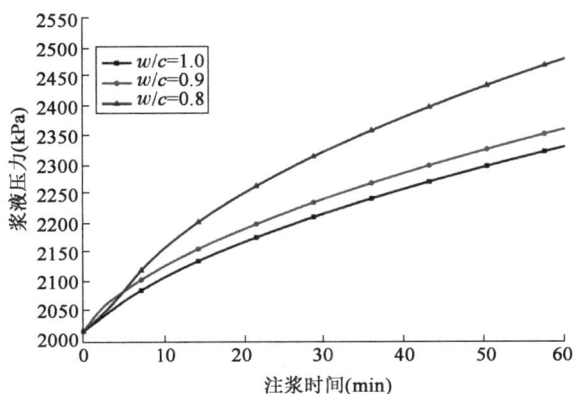

图 4-24　不同水灰比的浆液扩散过程中浆液压力对比

②不同水灰比 $w/c = 0.8$、$w/c = 0.9$、$w/c = 1.0$ 的水泥浆液随着时间变化的趋势基本相同,但是可以很明显地看出,在整个浆液扩散过程中,水灰比较大的水泥浆液（$w/c = 1.0$）较水灰比小

的水泥浆液($w/c = 0.8$)浆液压力小,当 $t = 60\text{min}$ 时,水灰比 $w/c = 1.0$ 的浆液压力为 2230kPa,而水灰比 $w/c = 0.8$ 的浆液压力为 2510kPa,相差 280kPa。由此可见,不同水灰比的水泥浆液,对浆液扩散过程中的浆液压力影响还是非常显著的。

（3）浆液扩散距离对比。

不同水灰比的浆液扩散距离对比如图 4-25 所示。

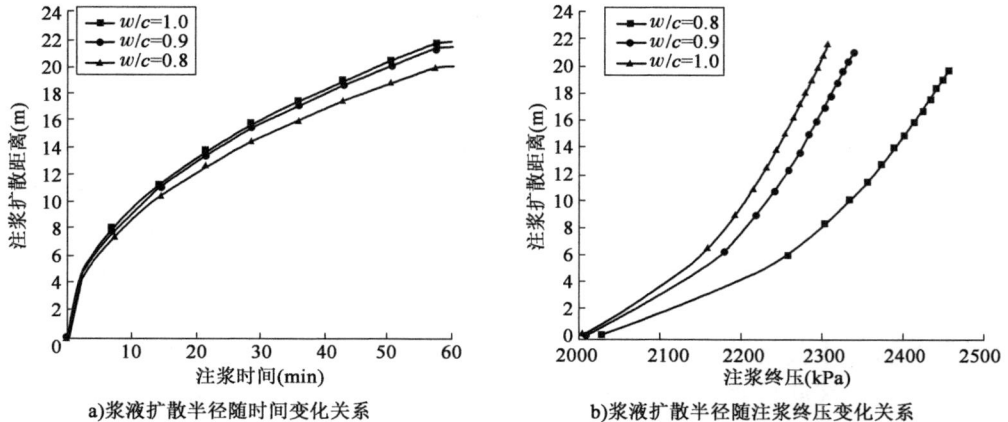

a)浆液扩散半径随时间变化关系   b)浆液扩散半径随注浆终压变化关系

图 4-25   不同水灰比浆液扩散距离对比

①由图 4-25 可知,在相同的注浆时间内,改变浆液的配比,注浆扩散的距离并不会有明显的改变,水灰比分别为 0.9 和 1.0 的浆液,浆液扩散距离基本上相同,可以达到 21.5m 左右,而水灰比 0.8 的浆液扩散距离为 19m,二者差距并不大。

②想要达到一样的浆液扩散距离,水灰比大的浆液所需要的注浆压力要小于水灰比小的浆液,比如当浆液扩散距离同为 10m 时,水灰比为 0.8 的浆液需要 2380kPa 的注浆压力,而水灰比为 1.0 的浆液仅仅需要 2250kPa 的注浆压力,二者相差 130kPa。

综上所述,在注浆工程中,选用水灰比为 0.8 的浆液注浆,注浆效果更好且更经济。

第5章 全风化砂页岩地层劈裂注浆加固机理研究

5.1 全风化砂页岩压密加固效果室内试验研究

为了更好地指导实际注浆施工,进行注浆加固工程设计,有效地估算全风化砂页岩劈裂压密注浆加固效果,本章进行了室内试验,得到了全风化砂页岩所受浆液压力和土体自身力学性质的关系,分析其变化趋势。并在此基础上拟合得到了浆液压力与全风化砂页岩力学性质(压缩模量、黏聚力、内摩擦角、渗透系数)的关系。

5.1.1 加固效果影响因素分析

对全风化砂页岩进行劈裂压密注浆加固后,加固效果主要来自两方面:(1)水泥浆液凝固后形成浆脉的骨架作用。(2)劈裂压密注浆进行过程中,浆液扩散方向两侧的土体被压密变形,其力学性质也获得了提升。原本松散软弱的地层力学性质发生改变,主要体现在以下几个方面:①土体被压缩后,土体抵抗变形的能力大幅度提高,根据前文所得到的土体压密特性曲线,土体被压缩的难易程度会随着压缩变形的增大而增大,即土体的压缩模量会随着应力增大不断增大;②土体被压缩后,土体自身抵抗破坏的能力会提高,即土体自身的内摩擦角和黏聚力都会增加,土体更不容易被剪切劈坏;③原本的土体较为松散,渗透系数较大,抗渗性能比较低,经过压缩变形,土体的渗透系数减小,全土体的抗渗能力得到了加强。

5.1.2 地层压密加固效果室内试验

为了定量分析土体劈裂压密注浆加固效果和注浆压力的关系,在前文室内侧限压缩试验的基础上,以土体的压缩模量表征土体的抗压缩能力,土体的黏聚力和内摩擦角代表土体的抗剪切破坏能力,渗透系数决定土体抗渗能力的强弱,加固效果影响因素与注浆压力的关系如图5-1所示,研究不同地层初始含水率条件下,劈裂压密注浆加固效果和各注浆控制参数之间的关系。

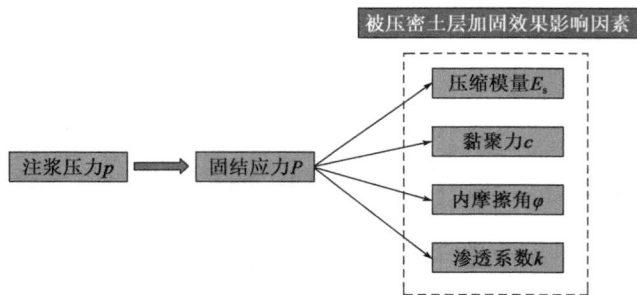

图 5-1　土体加固效果影响因素与注浆压力的关系

1）室内试验方法

选取工程典型地层,取得全风化砂页岩原状土样,该典型地层土样的一般含水率为 26% ,在此土样基础上调整试验土样的地层初始含水率,使得土样的含水率为 22% 、24% 、26% 、28% 、30% ,依照《土工试验方法标准》(GB/T 50123—2019)进行固结试验、直接剪切试验和变水头渗透率测定试验。

2）固结应力对压缩模量影响

在劈裂注浆压密过程中,土层会因为浆液开度的拓展被压缩变形,压缩模量可以表示为相邻两级荷载之间所受应力差和应变差的比值:

$$\overline{E}_s = \frac{p_{n+1} - p_n}{\varepsilon_{n+1} - \varepsilon_n} \tag{5-1}$$

式中:$\overline{E}_s$——相应的割线压缩模量;

$p_{n+1} - p_n$——两个相邻荷载之间的应力差;

ε_{n+1}、ε_n——两个相邻荷载的应变量。

为了方便计算,将 $(\varepsilon_{n+1} + \varepsilon_n)/2$ 处的切线压缩模量 E_s 作为应变为 ε_{n+1}、ε_n 时对应的割线压缩模量 $\overline{E}_s$,公式如下:

$$E_s\Big|_{\varepsilon = \frac{\varepsilon_{n+1} + \varepsilon_n}{2}} \approx \overline{E}_s = \frac{p_{n+1} - p_n}{\varepsilon_{n+1} - \varepsilon_n} \tag{5-2}$$

通过处理前文的土体侧限压缩数据,以固结应力为横坐标、以压缩模量为纵坐标,得到不同地层初始含水率 w_0 情况下土体压缩模量随所受应力的关系,如图 5-2 所示。分析图 5-2 可知:

(1)在其他土体内部条件相同的情况下,改变地层的初始含水率,观察土体压缩模量随固结应力变化情况,可以明显看出土体的压缩模量随着所受固结应力的增加而增加,呈线性正相关的趋势。

(2)随着固结应力增大,土层被压缩变形,因此土层的压缩模量也不断增大,压缩模量与固结应力关系基本呈线性。土层的初始压缩模量基本范围为 2 ~ 10MPa,随着应力不断增大到注浆最大压力 4000kPa,压缩模量最高达到 100MPa,压缩模量最高增长了 10 倍。由此可见,劈裂压密注浆提高土体压缩模量的效果非常明显,通过注浆,被注土体的抗变形能力大大提高。

（3）在地层压缩模量和固结应力变化曲线中,在较低注浆压力变化范围内(0～1600kPa),不同初始含水率的土体变形压缩后的压缩模量变化相差不大,都是从10MPa以内随注浆压力增大到40～50MPa这一范围,但是在较高压力阶段(1600～4000kPa),地层初始含水率高的土体被压缩后压缩模量相对于含水率低的土体更高。当注浆压力增加到4000kPa时,地层初始含水率 w_0=30%的土体的压缩模量达到了100MPa,而地层初始含水率 w_0=22%的土体的压缩模量为75MPa,二者相差了25MPa,这说明劈裂压密注浆对于提高较高初始含水率的全风化砂页岩地层土体的压缩模量的效果更加明显。

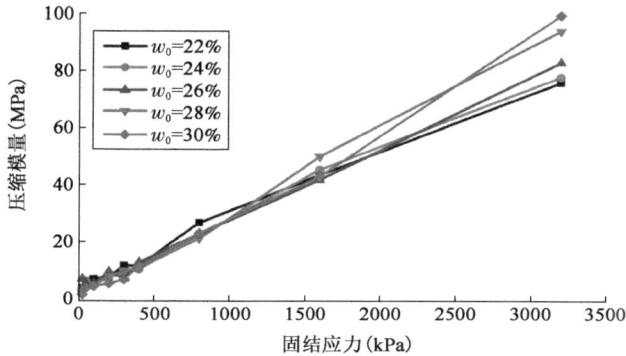

图 5-2　不同地层初始含水率情况下固结应力对压缩模量影响

3）固结应力对抗剪强度影响

选取工程典型土样,先对土样施加不同的固结应力(1MPa、2MPa、3MPa、4MPa),而后对试样进行剪切试验,所用仪器如图5-3所示。一次试验需要4个经过预压固结的土样,首先对土样施加不同的垂直压力(150kPa、250kPa、350kPa、500kPa),而后进行剪切试验,待试样发生剪切破坏时,记录数据。根据各个垂直压力下发生剪切破坏时所记录的数据,得到经过预压后的土样的抗剪强度。

a)直剪预压仪

图　5-3

b)直剪仪　　　　　c)直剪后土样

图5-3　直剪试验所用仪器

（1）黏聚力与压密程度的关系。

以固结应力为横坐标、以土体黏聚力为纵坐标作图,获得固结后土体的黏聚力和预压固结应力的关系如图5-4所示。分析图5-4可知:

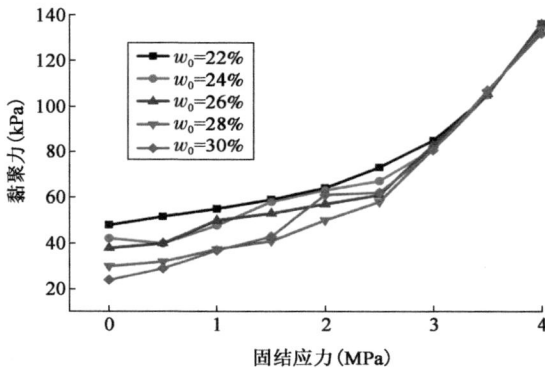

图5-4　固结应力对黏聚力的影响

①从图5-4中可以看出,在没有经过预压固结时,即土样为原状土时,地层初始含水率的大小能决定土体自身的黏聚力大小,地层初始含水率和土体自身黏聚力基本上呈负相关。地层初始含水率越小,其自身的黏聚力越高,地层初始含水率 $w_0 = 22\%$ 的土样在原状土阶段黏聚力为 44.3kPa,地层初始含水率 $w_0 = 30\%$ 的土样在原状土阶段黏聚力为 21kPa,比地层初始含水率 $w_0 = 22\%$ 的土体低了一半。由此可见,地层初始含水率对原状土自身的黏聚力大小影响比较大。

②土体经过预压固结后,不管地层的初始含水率是多少,其自身的黏聚力都有明显提升,也就是说在土体压缩变形后,土体的抗剪切能力明显提升,说明劈裂压密注浆造成的土体压缩变形可以有效地改善土体的自身力学性质,获得加固效果。

③在原状土阶段(预压固结应力为0)时,不同地层初始含水率情况下的土体黏聚力有差别。随着预压固结应力增大,经过预压固结的土体黏聚力一直增加变化,但是当预压固结应力在比较大的区间(3~4MPa)时,不同地层初始含水率土体的黏聚力都达到了80kPa,且预压固结应力再增大,地层黏聚力变化趋势一致。当预压固结应力为3.5MPa和4MPa,各初始含水率情况下的土样黏聚力相等,可见当预压固结应力够高时,土样黏聚力的大小不再受初始含水率的影响。

④各地层初始含水率情况下的土样,经过一定的压力预压固结后地层黏聚力的变化趋势基本一致,土样黏聚力与土样所受的预压固结应力基本呈正相关。当预压固结应力在较小区间(0~2MPa)时,各含水率情况下的土样黏聚力随预压固结应力的增大而增大,但是趋势比较

缓慢,当预压固结应力在较高区间(2~4MPa)时,各含水率情况下的土样黏聚力随预压固结应力的增大而增大,且增长趋势越来越明显。土样黏聚力与预压固结应力的变化关系符合二次函数关系,因此在之后的研究中,可以选取二次函数模型来拟合不同初始含水率情况下土样的黏聚力与预压固结应力的变化关系。

（2）全风化砂页岩内摩擦角与固结应力的关系。

取不同的地层初始含水率的土样制样,先施加预压固结应力,而后进行直剪试验,测定土样内摩擦角。以预压固结应力为横坐标、以不同地层初始含水率情况下土样的内摩擦角为纵坐标,绘制内摩擦角随预压固结应力变化曲线,如图5-5所示,分析其变化规律如下:

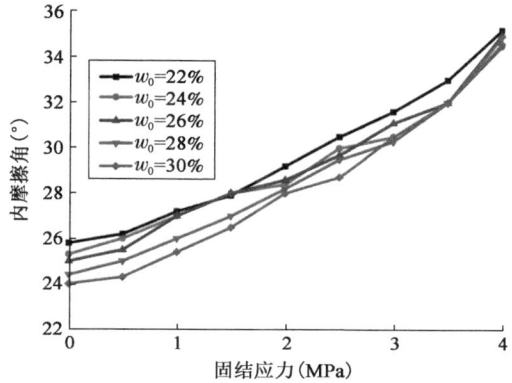

图5-5 固结应力对内摩擦角的影响

①当预压固结应力为0,即土样未经过预压固结,状态是原状土时,不同初始含水率的土样内摩擦角不相同,地层初始含水率 $w_0 = 22\%$ 的土体的内摩擦角为25.8°,为所有不同地层初始含水率的土样中内摩擦角最大的,比地层初始含水率 $w_0 = 30\%$ 的土体的内摩擦角24°大了1.8°,说明初始地层含水率越高,原状土内摩擦角越小,自身的抗剪强度越低,土样的地层初始含水率与内摩擦角呈负相关,地层初始含水率会在一定程度上影响土样的内摩擦角。

②经过预压固结,不同含水率情况下土体的内摩擦角随预压固结应力的增大而增大,整体呈正相关关系,在原状土情况下,典型工况地层初始含水率 $w_0 = 26\%$ 的土体的内摩擦角为25.8°,经过4MPa的预压固结后,典型工况地层初始含水率 $w_0 = 26\%$ 的土体内摩擦角增加到35°,提高了约10°,说明经过预压固结后,土样经过浆液压力作用后发生压缩变形,土样的抗剪切能力提高了,这也说明通过劈裂压密注浆可以有效地改变被注地层的力学参数,从而获得土体加固效果。

③经过不同压力预压固结后,各地层初始含水率土样的内摩擦角都获得了一定程度的提高,但是当预压固结应力达到4MPa这一比较高的量级之后,不管土样的初始含水率如何,内摩擦角都达到35°,这种情况与前文中的土样黏聚力与预压固结应力的关系一致,这说明当不同初始含水率的土样经过比较高的压力预压固结后,其内摩擦角都能达到一个比较高的水平,所以较高含水率的土样经过浆液劈裂压密后,土体压缩变形,都能获得加固效果。

④各地层初始含水率情况下的土样,经过一定的压力预压固结后,地层内摩擦角的变化趋势基本一致,土样内摩擦角与土样所受的预压固结应力基本呈线性正相关关系。

4）固结应力对渗透系数的影响

选取江西省萍莲高速地下工程典型原状土样,依照《土工试验方法标准》(GB/T 50123—2019),选用变水头法测量渗透率。仪器装置如图5-6所示。因为渗透试验过程中,土样一直处于含水饱和状态,所以在测量渗透率试验过程中不用考虑地层的初始含水率对渗透率的影响。

选取试样,首先进行预压固结试验,而后将土样直接进行渗透系数测定试验。以预压固结应力为横坐标、固结后土样的渗透系数为纵坐标,绘制预压固结应力与土样渗透系数的曲线如图 5-7 所示,研究其变化规律。

图 5-6　渗透试验所用装置

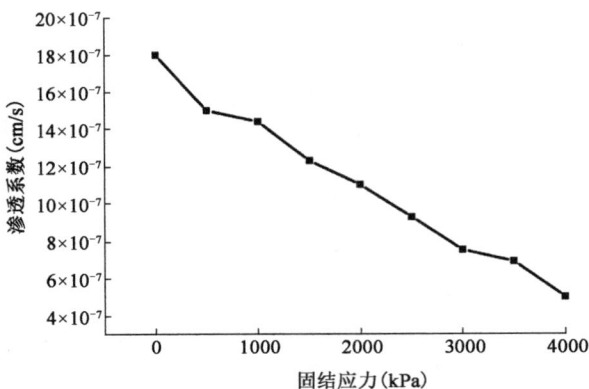

图 5-7　固结应力对渗透系数影响

分析图 5-7 可知:

(1)当土样未经过预压固结,状态是原状土时,土样的渗透系数为 18×10^{-7} cm/s,说明原状土的渗透系数较小,抗渗性能比较好,而后土样经过预压固结,预压固结应力越大,土样的渗透系数越小,当预压固结应力为 4MPa 时,土样的渗透系数降低为 5×10^{-7} cm/s,降低了一个数量级,说明即便原状土的抗渗能力已经较好,但经过劈裂压密注浆之后,土样的抗渗能力可以获得进一步提高,注浆后的土体加固效果更好。

(2)土样的渗透系数基本与先前受到的固结应力大小呈负相关,分析原因可能是在注浆过程中,注浆压力越大,土体在浆液压力的劈裂压密作用下发生压缩变形,体积变小,先前的土体颗粒之间的体积被挤压压缩,土体每个颗粒之间的缝隙越来越小,水渗流的路径也就减小,水进行渗流比较困难,因此渗透系数就会减小。

(3)土体的渗透系数 k 基本上与预压固结应力呈线性负相关,这与很多学者的研究观点一致,如 Amer 公式、太沙基公式。

(4)土样的渗透系数很明显与固结应力大小呈线性负相关,因此可以用线性模型来拟合土样的渗透系数与预压固结应力的关系。

5.1.3　加固效果影响因素关系拟合

在实际劈裂压密注浆加固工程中,注浆压力的大小是影响水泥浆液浆脉凝固体形状和土层压密区力学性能参数的因素。因此,为了能够建立注浆施工控制参数和土体劈裂压密注浆加固效果的定量关系,必须要得到注浆压力和土体中被压密土层的力学性能(E_s、c、φ、k)之间的定量关系。

1)压缩模量与固结应力关系拟合

由前文可知,影响注浆加固效果最主要的因素就是被压密的土层的力学性能改变,而地层初始含水率是影响土体土层力学性能的最重要的内部参数,以固结应力为横坐标、土层压缩模量为纵坐标,获得不同地层初始含水率条件下全风化砂页岩地层土体的压缩模量和固结应力的关系。

采用线性模型 $y = Ax + B$(A、B 为待定常数)对不同初始地层含水率情况下土体的压缩模量(E_s)与固结应力(P)关系进行拟合,试验数据与拟合曲线对比如图 5-8 所示,使用 Origin 软件拟合得到的 E_s-P 关系见表 5-1。

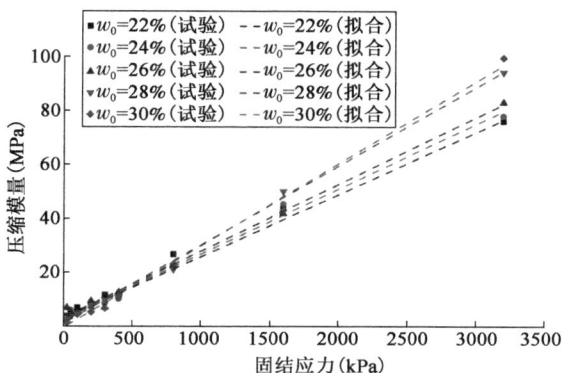

图 5-8　不同含水率下土体压缩模量与固结应力试验数据与拟合曲线对比

不同含水率 E_s-P 关系拟合结果　　　　　　　　　　　　　　　　　表 5-1

地层初始含水率(%)	拟合方程	地层初始含水率(%)	拟合方程
22	$E_s = 0.02298P + 4.33719$	28	$E_s = 0.02912P + 1.08401$
24	$E_s = 0.02399P + 2.84525$	30	$E_s = 0.03035P + 0.47684$
26	$E_s = 0.02468P + 3.23658$		

由表 5-1 可知,E_s-P 曲线拟合的拟合优度都在 0.99 以上,说明拟合的结果和室内试验得到的结果比较吻合,因此不同含水率情况下全风化砂页岩压缩模量与固结应力的关系可以通过式(5-3)进行描述:

$$E_s = AP + B \qquad\qquad (5-3)$$

式中:A、B——由地层初始含水率确定的常数,公式适用范围为含水率 22%～30% 的全风化砂页岩。

2)黏聚力与固结应力关系拟合

由前文可知,地层的黏聚力大小是反映土体抵抗剪切破坏能力的重要指标,注浆压密区土体的黏聚力增大会有效提高土体加固效果,而地层初始含水率是影响土体土层力学性能的最重要的内部参数,以固结应力为横坐标、黏聚力为纵坐标,获得不同初始含水率条件下土体黏聚力和固结应力的关系。

结合实际情况,选用二次模型 $y = ax^2 + bx + c$(a、b、c 为待定常数)拟合不同含水率情况下全风化砂页岩黏聚力-固结应力关系。试验数据与拟合结果对比如图 5-9 所示,拟合结果见表 5-2。

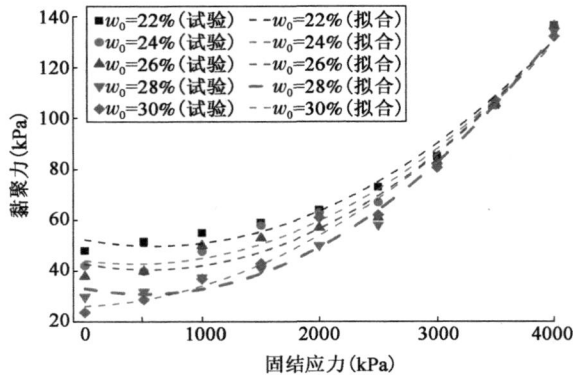

图 5-9　不同含水率下黏聚力与固结应力试验数据与拟合结果对比

不同含水率下 *c-P* 关系拟合结果　　　　　　　　　　　　　　　表 5-2

地层初始含水率 w_0（%）	拟合方程
22	$c = 0.00000697044P^2 - 0.00831P + 52.32896$
24	$c = 0.00000687965P^2 - 0.006P + 44.12364$
26	$c = 0.00000756926P^2 - 0.00819P + 42.77273$
28	$c = 0.00000834113P^2 - 0.0086P + 33.25152$
30	$c = 0.00000594892P^2 - 0.00194P + 26.35636$

黏聚力-固结应力关系曲线拟合的拟合优度都在 0.96 以上,说明拟合的结果和室内试验得到的结果比较吻合,就此得到全风化砂页岩黏聚力和固结应力(注浆压力)的定量关系。全风化砂页岩黏聚力与固结应力的拟合关系如下:

$$c = CP^2 + DP + E \tag{5-4}$$

式中: C、D、E——由全风化砂页岩地层初始含水率决定的参数,公式适用范围为含水率 22% ~ 30% 的全风化砂页岩。

3)内摩擦角与固结应力关系拟合

选用线性模型 $y = Ax + B$ 来拟合固结应力-内摩擦角关系,A、B 均为待定参数。试验数据与拟合结果对比如图 5-10 所示,拟合得到的 $\varphi\text{-}P$ 关系见表 5-3。

不同含水率条件下 $\varphi\text{-}P$ 关系拟合结果　　　　　　　　　　　　表 5-3

地层初始含水率（%）	拟合方程
22	$\varphi = 0.00231P + 24.99556$
24	$\varphi = 0.00213P + 24.8244$
26	$\varphi = 0.00231P + 24.47333$
28	$\varphi = 0.00247P + 23.64889$
30	$\varphi = 0.0026P + 23.02978$

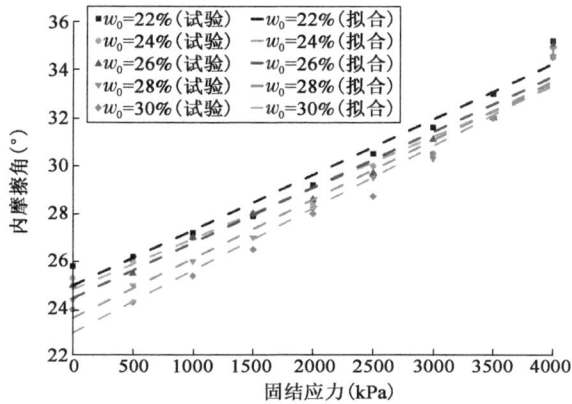

图 5-10　不同含水率条件下 φ-P 关系拟合结果

内摩擦角-固结应力曲线拟合的拟合优度在 0.95 上,说明拟合的结果和室内试验得到的结果比较吻合,就此得到全风化砂页岩内摩擦角和固结应力的定量关系。全风化砂页岩内摩擦角 φ 与固结应力拟合关系如下:

$$\varphi = FP + G \tag{5-5}$$

式中:F、G——由土体地层初始含水率决定的参数,公式适用范围为含水率 22% ~ 30% 的全风化砂页岩。

4)渗透系数与固结应力关系拟合

选用线性模型 $y = ax + b$(a、b 均为待定系数)来拟合土样的渗透系数与固结应力的关系。拟合结果为:

$$k = -0.000000000310376P + 0.00000172494 \tag{5-6}$$

试验数据与拟合结果对比如图 5-11 所示。

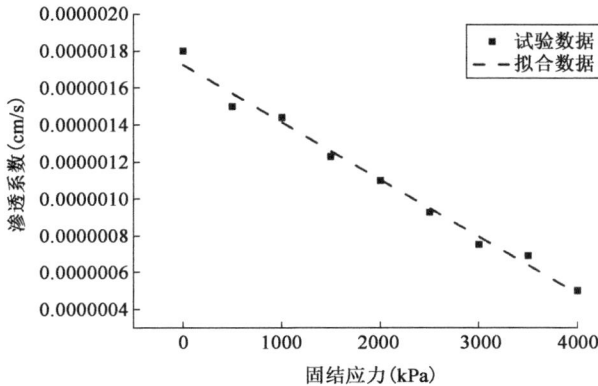

图 5-11　k-P 关系拟合结果

由图 5-11 可知,拟合优度在 0.95 上,拟合的结果和室内试验得到的结果比较吻合,就此可以得到渗透系数与固结应力的定量关系:

$$k = HP + I \tag{5-7}$$

式中：H、I——确定的常数，公式适用范围为含水率22%～30%的全风化砂页岩。

综上所述，结合已经得到的试验数据和拟合结果，不同地层初始含水率情况下，土体的注浆压密加固效果与固结应力的定量关系可通过式(5-8)表示：

$$\begin{cases} E_s = AP + B \\ c = CP^2 + DP + E \\ \varphi = FP + G \\ k = HP + I \end{cases} \tag{5-8}$$

式中：　　　E_s、c、φ、k——分别为表征土层压密注浆效果的压缩模量(MPa)、黏聚力(kPa)、内摩擦角(°)、渗透系数(cm/s)；

　　　　　　P——固结应力(kPa)；

A、B、C、D、E、F、G、H、I——由含水率 w 确定的常数，该公式适用范围为：(1)初始含水率范围22%～30%；(2)注浆压力范围0～4MPa。

通过式(5-8)可计算不同含水率情况下，全风化砂页岩压密加固后力学参数，对不同含水率的全风化砂页岩，可用插值法确定 E_s、c、φ 及 k 值。

5.2　全风化砂页岩劈裂注浆加固效果研究

本节在前文得到的全风化砂页岩力学性能与所受注浆压力的定量关系的基础上，结合现有的注浆加固体整体性能计算物理模型，对已有的注浆加固体整体性能计算方法进行改进，考虑了注浆压力以及注浆量对加固效果的影响，研究全风化砂页岩注浆加固后各项性能指标的各向异性及空间分布特征，分析不同因素对砂层注浆加固效果的影响。

5.2.1　加固效果估算

实际注浆施工中，影响劈裂-压密注浆加固效果的因素很多，本书对已有的劈裂-压密注浆效果计算模型进行了一定简化处理，选取影响全风化砂页岩劈裂-压密注浆加固效果的主要控制因素(注浆压力、注浆量)进行研究。

1)加固效果计算模型

结合已有的研究成果，将注浆加固后的土体看成是一个整体注浆加固体，加固体由三部分组成(浆脉、被压密土层、未被压密土层)，简化后的加固效果计算模型如图5-12所示。

由图5-12可知，注浆整体加固体分为三个区域：(1)水泥浆脉凝固体区域，该区域各项力学性能最好，也具有骨架作用，但是水泥浆液浆脉凝固体相对整个区域厚度偏小，对于整个加固体来说，加固作用有限；(2)被浆液压缩变形的土层，该土层的压缩模量、抗剪切破坏能力、抗渗性能都获得了增强，所占土层比例较大，能够大幅度改善加固体的整体性能；(3)未被压缩变形，各项力学性能没有明显变化的土层，因为劈裂压密注浆的影响区域有限,该土层没有压缩变形,所以其力学性能没有发生质的改变,是整个加固体的薄弱区域。

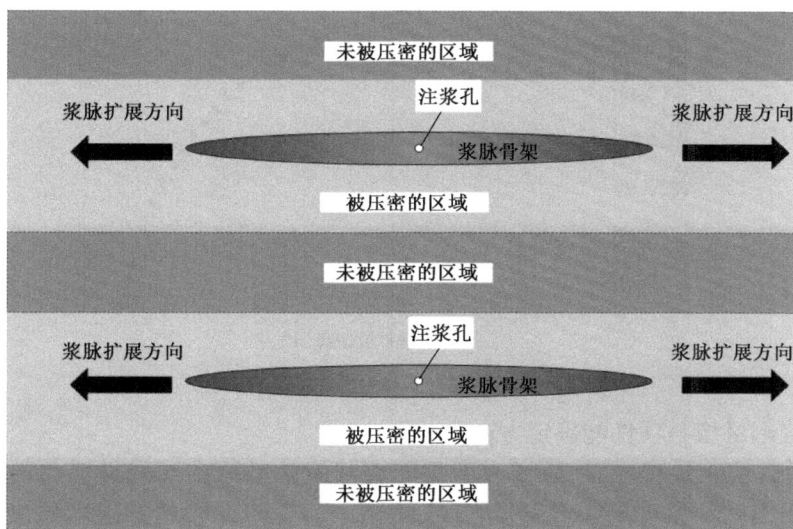

图 5-12　简化后的加固效果计算模型

此压密注浆加固效果简化计算模型满足以下计算假定:(1)水泥浆液形成的浆脉在注浆加固体内是互相平行分布的,各个浆脉之间的距离相等,注浆影响范围也相等且不变;(2)水泥浆液劈裂扩散形成的浆脉厚度不是线性变化的,注浆压力是影响注浆孔处的劈裂通道开度也就是浆脉厚度值的唯一因素;(3)在注浆扩散加固效果计算中,注浆孔的连线设置为垂直于浆液扩散方向,且各个注浆孔之间的距离都相等。

实际注浆施工中,能够得到的控制注浆施工的关键参数比较多,本书基于使用的注浆加固效果简化计算模型,选取对劈裂压密注浆加固效果影响最大、最直观的注浆施工控制参数,即只考虑注浆量与注浆压力对劈裂压密注浆加固效果的影响。

2)加固体加固效果计算方法

浆液扩散距离、劈裂通道开度、水泥浆液浆脉凝固体厚度等能影响注浆加固效果的指标都受注浆压力的影响,选取影响注浆加固施工的因素(注浆压力 p、注浆量 Q),研究注浆加固效果影响因素。

(1)水泥浆液浆脉凝固体形状确定。

结合前文研究成果,采用 $y = a + bx^c$ 函数形式来拟合劈裂通道开度与浆液扩散距离的关系。拟合得到的劈裂通道开度随浆液扩散距离变化的关系如图 5-13 所示。

由图 5-13 可知,前文计算结果与拟合得到的曲线比较吻合,拟合优度为 0.98,说明拟合情况良好。

由此可知,劈裂通道中各个位置的水泥浆脉厚度与注浆扩散距离的关系为:

$$b(r) = 0.49679 - 0.0000015166r^{4.06218} \quad (5-9)$$

式中:r——劈裂通道处某点到注浆孔的距离。

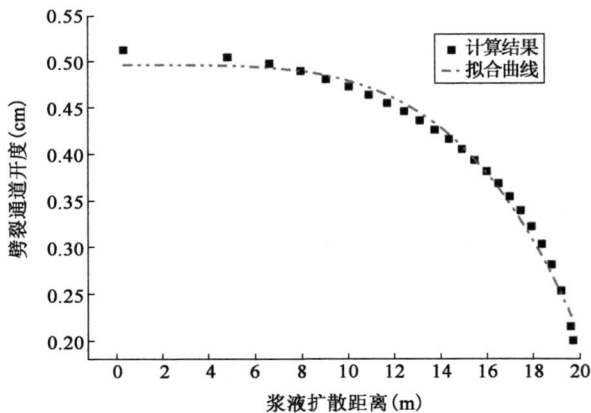

图 5-13 劈裂通道开度与注浆扩散距离的关系

（2）压缩变形区域各项性能确定方法。

由前文可知，注浆过程中，注浆压力不是随着浆液扩散距离而线性变化的，结合前文研究成果，注浆压力在注浆前期缓慢降低，而在注浆中后期降低的趋势越来越快，因此可以采用 $y=a+bx^e$ 函数形式来拟合注浆压力与浆液扩散距离的关系。拟合得到的注浆压力随浆液扩散距离变化的关系如图 5-14 所示。

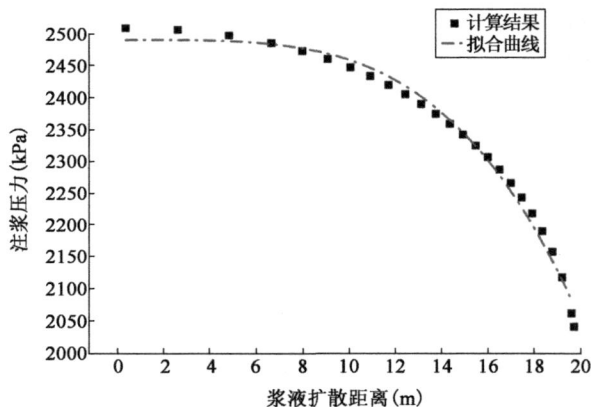

图 5-14 注浆压力与浆液扩散距离的关系

由图 5-14 可知，前文计算结果与拟合得到的曲线比较吻合，且拟合优度为 0.9905，说明拟合情况良好。

由此可知，劈裂通道中各个位置的注浆压力与浆液扩散距离的关系式为：

$$p(r)=2490.36193-0.0053r^{3.78178} \tag{5-10}$$

式中：r——劈裂通道处某点到注浆孔的距离。

联立前文拟合出的被压密区力学性能参数改变方程，可以将压缩变形区的各力学性能参数表示为浆液扩散距离、当前浆液距离、地应力以及注浆压力的函数，即：

$$\begin{cases} E_s = Ap(r) + B \\ c = Cp(r)^2 + Dp(r) + E \\ \varphi = Fp(r) + G \\ k = Hp(r) + I \end{cases} \qquad (5\text{-}11)$$

式中：A、B、C、D、E、F、G、H、I——由含水率 w 确定的常数。

（3）未发生土体压缩变形的区域力学性能参数确定。

未被注浆压力压密变形区域的土体力学性能参数并没有发生明显改变，因此可以用原状土状态时的土体各项力学性能参数来表示。

5.2.2　注浆加固效果分析

根据前文的研究结果，选取不同工况下全风化砂页岩劈裂注浆加固过程，对注浆加固效果空间分布、注浆压力对加固效果的影响以及注浆量对加固效果的影响这三个方面进行分析。

1）加固效果的空间分布

选取典型工况，即地层初始含水率 26%、注浆速率 $q = 75\mathrm{L/min}$、注浆时间 $t = 60\mathrm{min}$、浆液扩散距离 $L = 20\mathrm{cm}$、初始地应力为 2040kPa、注浆材料水灰比为 0.8 的水泥浆液进行注浆加固效果分析，以浆液扩散距离为横坐标，以土层的各项力学参数（压缩模量、黏聚力、内摩擦角、渗透系数）为纵坐标作图，如图 5-15 所示，研究被压密土层加固效果的空间分布。

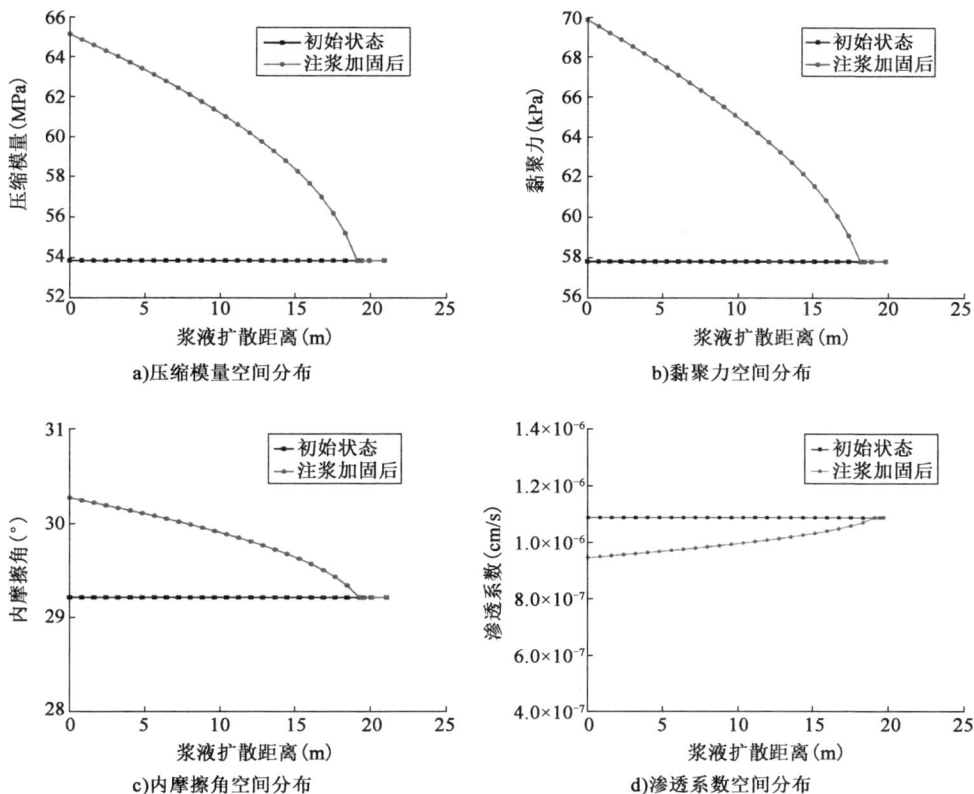

a)压缩模量空间分布

b)黏聚力空间分布

c)内摩擦角空间分布

d)渗透系数空间分布

图 5-15　加固效果空间分布

由图 5-15 可知：

（1）压缩模量方面，在注浆孔附近，被压密土层的压缩模量变化最大为 65.2MPa，比初始状态的 53.9MPa 增加了 11.3MPa。而随着浆液不断扩散，被压密土层的位置距离注浆孔越来越远，被压密土层的压缩模量增加越来越小，到浆液扩散的最远端，土层的压缩模量与初始状态的压缩模量相同，为 53.9MPa。被压密土层的压缩模量随着浆液扩散距离的增加不断减小，即距注浆孔越远，被压密土层的加固效果越差。

（2）抗剪强度方面，在注浆孔附近，抗剪强度提升最为明显，被压密土层的黏聚力为 70kPa，比初始状态提升了 12kPa，加固效果明显。而被压密土层的内摩擦角变化并不大，在注浆孔附近为 30.25°，仅仅比初始状态提高了 1°。随着注浆的进行，浆液不断劈裂扩散，距离注浆孔越远，被压密土层的抗剪强度不断降低，到浆液扩散的最远端，被压密土层的抗剪强度与初始状态的抗剪强度相同。

（3）渗透系数方面，压密区的渗透系数虽然有降低，但是变化并不明显，注浆孔附近的渗透系数为 9.2×10^{-7} cm/s，相对于初始状态的 1.1×10^{-6} cm/s 变化不大，渗透系数变化也随着浆液扩散距离增加而变小，最后在浆液扩散的最远端与初始状态一致。

（4）总体来说，在注浆孔附近，被压密土层的力学性能改善最明显，注浆加固效果最好，但随着注浆的进行，浆液不断扩散，被压密区的注浆加固效果逐渐变差。

2）注浆压力对加固效果的影响

选取典型工况即地层初始含水率 26%、注浆速率 $q = 75$L/min、注浆时间 $t = 60$min、浆液扩散距离 $L = 20$cm、初始地应力为 2040kPa、注浆材料水灰比为 0.8 的水泥浆液进行注浆加固效果分析，以注浆压力为横坐标，以土层的各项力学参数（压缩模量、黏聚力、内摩擦角、渗透系数）为纵坐标作图，如图 5-16 所示，研究被压密土层加固效果与注浆压力的关系。由图 5-16 可知：

（1）压缩模量方面，随着注浆压力的增加，被压密土层的压缩模量显著增加，压缩模量与注浆压力的关系呈上凸的抛物线。当注浆压力达到 2500kPa 时，被压密土层的压缩模量为 65MPa，提升了 11.2MPa。在变化趋势方面，注浆压力增加初期，被压密土层的压缩模量变化明显，但是随着注浆压力越来越大，被压密土层的压缩模量随着注浆压力增加的速度放缓。

（2）抗剪强度方面，注浆压力的增加会显著提高被压密土层的黏聚力，当注浆压力达到 2500kPa 时，被压缩土层的黏聚力从 57.8kPa 提升到 68.8kPa。注浆压力对内摩擦角有一定提升，但是提升效果不明显，内摩擦角最大变化值只有 1°。被压密土层的黏聚力和内摩擦角随注浆压力的变化趋势基本类似，都是呈上凸的抛物线，即开始变化明显，后期变化并不明显。

（3）渗透系数方面，注浆压力的增加使得被压密土层的渗透系数降低，但是降低的程度并不明显。注浆压力增加到 2500kPa 时，被压密土层的渗透系数从初始状态的 1.09×10^{-6} cm/s 减小到 9.45×10^{-7} cm/s，并没有发生很大的改变。变化趋势也是在注浆压力增长初期随注浆压力变化明显，后期变化并不明显。

（4）总体来说，增加注浆压力能有效提高部分土体注浆加固效果性能指标（压缩模量、黏聚力），但是对于被压密土层的内摩擦角和抗渗性能提升不显著。

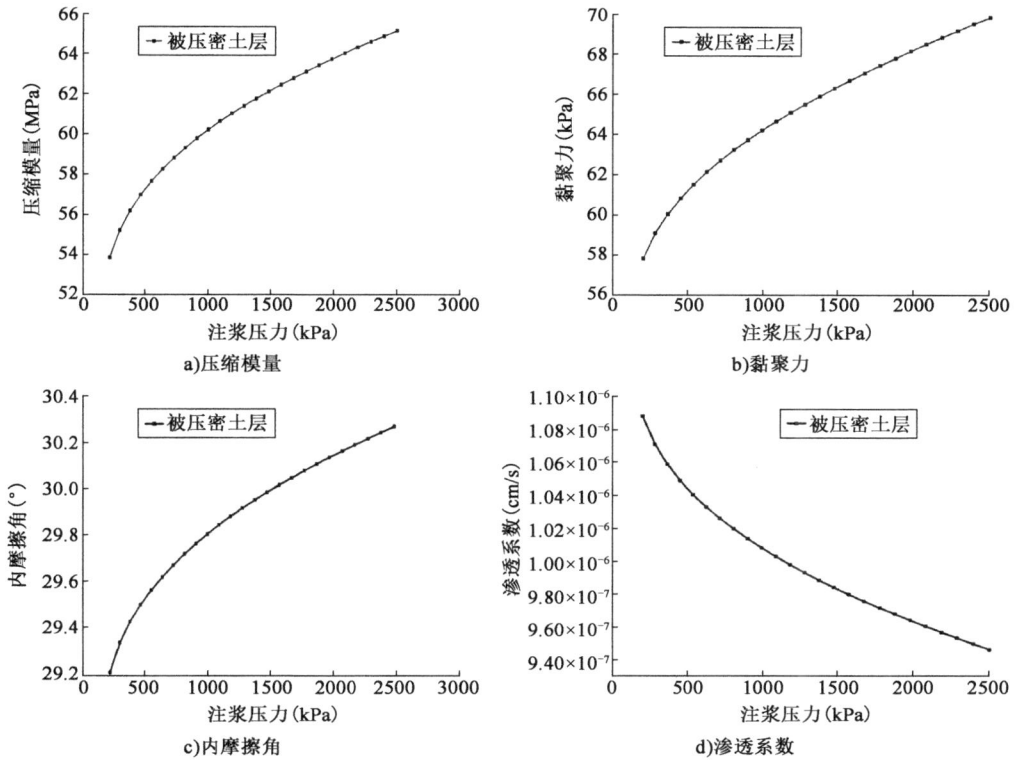

图 5-16　注浆压力对加固效果的影响

3) 注浆量对加固效果的影响

选取典型工况注浆速率 $q = 100\text{L/min}$、注浆时间 $t = 60\text{min}$、注浆量 $Q = 0 \sim 6\text{m}^3$、浆液扩散距离 $L = 20\text{cm}$、注浆材料水灰比为 0.8 的水泥浆液。浆液扩散距离及不同位置上的浆脉厚度随单孔注浆量的变化情况如图 5-17 所示。

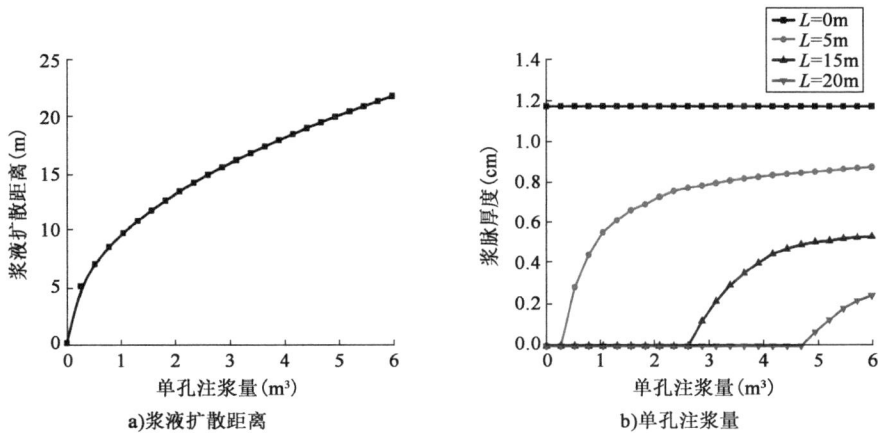

图 5-17　浆液扩散距离及浆脉厚度变化情况

单孔注浆量变化对注浆加固效果的影响主要通过改变浆液扩散半径及浆脉厚度的空间分布来实现。当单孔注浆量增加后,浆液扩散半径增大,除注浆孔外其他区域的浆脉厚度均增加,最终可以提升整个注浆加固体的加固效果。

如图 5-17 所示,随着浆液扩散距离不断增大,在浆脉扩展方向上的不同位置依次开始出现浆脉,并且浆脉厚度也在不断增加,在注浆孔位置附近,浆脉厚度比较大,为 1.19cm,加固效果最好。而在距离注浆孔有一定距离的位置,注浆量到达一定程度时,浆脉厚度从 0 开始增长。由于注浆孔处的浆脉厚度是恒定值,所以在各个位置浆脉厚度开始增长后,不同位置浆脉厚度在数值上不断接近注浆孔处的浆脉厚度数值,也就是说,浆脉厚度的空间衰减随着单孔注浆量的增加变得越来越不显著。

土层注浆加固效果随单孔注浆量的变化关系如图 5-18 所示。

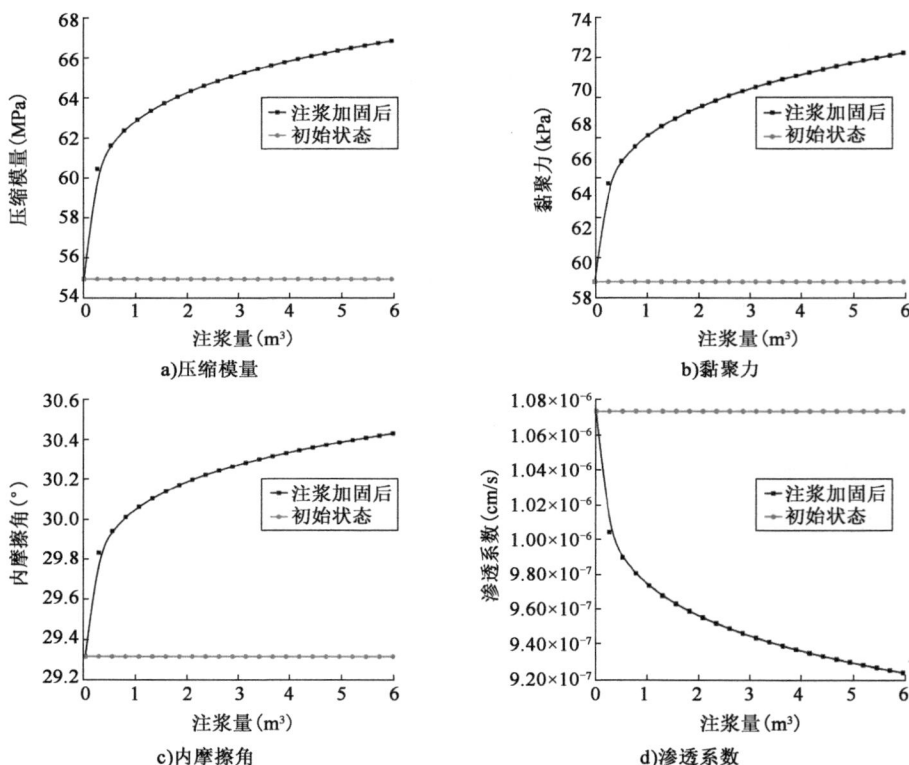

图 5-18　土层注浆加固效果随单孔注浆量的变化关系

由图 5-18 可知:

(1)压缩模量方面。随着注浆不断进行,浆液注浆量增加,被压密区的土层压缩强度显著提高。当水泥浆液注浆量从 0 增加到 6m³ 时,被压密的土层的压缩模量从初始状态的 55MPa 提升到了 66.8MPa,增加了 11.8MPa,土层的抗压能力得到了明显的提高。在注浆的前期,压缩模量提升很快,单孔注浆量从 0 提高到 1m³,被压缩土层的压缩模量就从 55MPa 提升到了 62.5MPa,增加了 7.5MPa,占整个土层压缩模量增加量的 63%;而在注浆过程的中后期,加固效果衰减很明显,被压密土层的压缩模量增加速度越来越缓慢,甚至最后趋于不变。

(2)抗剪强度方面。注浆量的不断增加会显著提高被压密区土层的黏聚力,但是对于被压密区土层的内摩擦角提升并不明显。当水泥浆液注浆量从 0 增加到 $6m^3$ 时,被压密的土层的黏聚力从初始状态的 58.8kPa 提升到了 71.9kPa,增加了 13.1kPa,而随着注浆的进行,被压密土层的内摩擦角变化并不明显,从初始状态的 29.3° 增加到 30.4°,仅仅增长了 1.1°。而在变化趋势上,土层内摩擦角和黏聚力的变化基本一致,都是在注浆的前期变化比较明显,而在注浆过程的中后期增长越来越慢。

(3)渗透系数方面。随着注浆的进行,被压密土层的渗透系数降低,但是降低的程度并不是特别明显,没有发生较大数量级的改变。当水泥浆液注浆量从 0 增加到 $6m^3$ 时,渗透系数由初始状态的 1.075×10^{-6} cm/s 降低到 9.20×10^{-7} cm/s,降低了不到一个数量级,变化并不明显。

(4)总体来说,通过注浆,被压密区土层的各项力学性能均得到了提高,压缩模量提高,抗剪强度提高,渗透性降低,加固效果比较明显。

第6章 初期支护锁脚大管棚 大变形控制技术研究

为控制全风化砂页岩地层隧道的大变形灾害,通过提高初期支护脚部附近软弱围岩的承载能力,增强初期支护沿隧道轴线方向的整体性以提高支护结构抵抗大变形的能力,提出了初期支护锁脚大管棚注浆控制技术。运用 FLAC 3D 有限差分软件对该技术的控制效果进行数值模拟计算,研究了该技术的可行性,分析了锁脚管棚管径、长度、打设角度(管棚与水平面的夹角)以及注浆加固半径四项加固参数对控制效果的影响,获得了莲花隧道大变形处治最优的锁脚大管棚参数。

6.1 初期支护锁脚大管棚大变形控制技术

6.1.1 控制原理

初期支护锁脚大管棚大变形控制技术原理及其施工效果如图 6-1、图 6-2 所示。

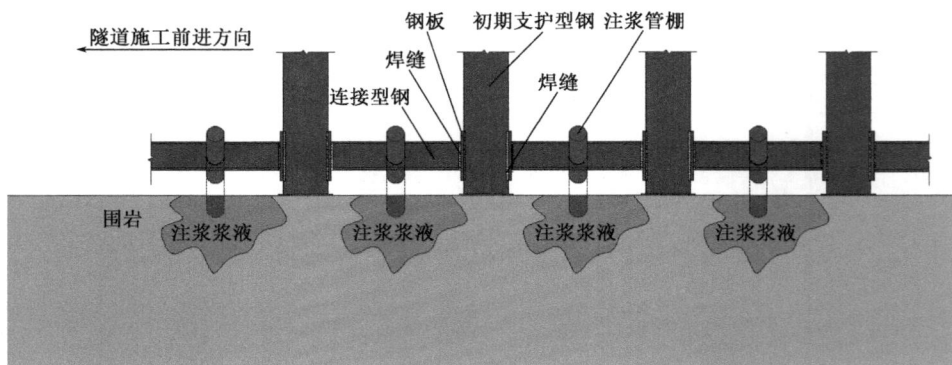

图 6-1 初期支护锁脚大管棚细节图(纵断面)

隧道开挖后围岩的初始平衡状态被打破,围岩应力得到释放开始出现变形。此时架设初期支护,由于软弱围岩荷载的作用,初期支护会出现沉降大变形,因此需要在较短的时间内加固初期支护软弱围岩。该技术以锁脚大管棚为主要控制装置,通过管棚的注浆作用加固初期支护型钢脚部周围软弱围岩,提高围岩的自承能力与完整性,减小围岩的变形速率与变形量,降低初期支护所受的荷载。相对于传统的锚杆(管),管棚管径大,刚度大,可以通过连接型钢承受来自初期支护的荷载,进而控制初期支护的沉降大变形。

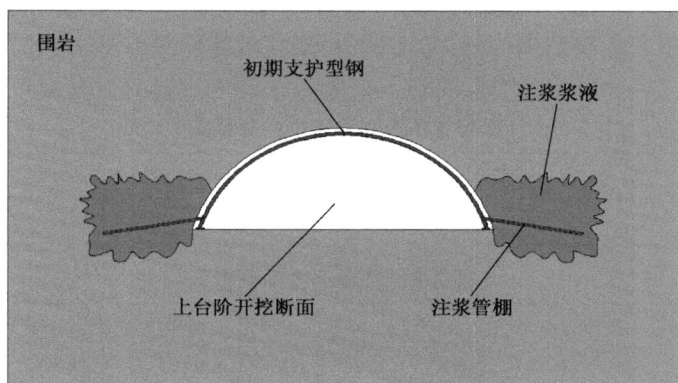

图 6-2　初期支护锁脚大管棚效果图(横断面)

连接型钢作为连接装置,其主要作用是连接锁脚大管棚与初期支护型钢,将初期支护型钢所受的围岩荷载传递到锁脚大管棚。连接型钢可对相邻各榀初期支护型钢进行连接,增加初期支护的整体性,减少初期支护的沉降位移。此外,新架设的下一榀初期支护型钢与已完工的上一榀锁脚大管棚进行连接,可以有效地控制新架设初期支护型钢的初期沉降,保证下一榀锁脚大管棚施工期间新架设的初期支护型钢不会出现较大的沉降变形。

6.1.2　主要技术流程

(1)进行隧道开挖,架设第一榀初期支护,在第一榀初期支护的脚部位置标定锁脚大管棚的位置,锁脚大管棚位于相邻两榀初期支护的中间位置。

(2)在标定位置按一定俯角打入锁脚大管棚,待打入的锁脚大管棚达到预定长度以后进行注浆。

(3)通过连接装置将锁脚大管棚与第一榀初期支护相连接,连接装置由加工过的型钢与钢板组成,连接装置长度等于相邻两榀初期支护的间距。

(4)架设第二榀初期支护,并且将第二榀初期支护与连接装置相连接。

(5)重复(1)~(4),隧道安全开挖。

6.2　考虑初期支护锁脚大管棚的围岩变形数值模型创建

为探究初期支护锁脚大管棚的控制效果,本节依托莲花隧道工程 YK37＋297 断面开展数值模拟,通过对加固控制前后的数值模拟结果进行对比分析,验证该技术的可行性。本次模拟分两种工况进行对比分析:第一种工况为隧道开挖后不采用锁脚大管棚进行加固控制;第二种工况为隧道开挖后施作锁脚大管棚进行加固控制。经过上一章分析得出隧道在考虑围岩蠕变效应的工况下更容易发生大变形,故本次数值计算考虑了围岩的蠕变效应,蠕变时间设置为

20d。本章节依托的工况与上一章节一致,因此本章节的数值计算模型只需在上一章的基础上增加初期支护锁脚大管棚部分。锁脚大管棚采用软件内置的 cable 命令进行建立,并且用 fix 命令对管棚进行约束,使其仅能产生竖直方向的位移(图6-3)。模拟的初期支护锁脚大管棚的施工参数见表6-1,施工参数的取值参考了实际管棚的直径、长度、施工可行性以及该地层的浆液可注性。除围岩注浆加固区外,岩土体、初期支护的物理力学参数与上一章节一致。本章节的围岩注浆加固区物理力学参数见表6-2,参数来源于现场的试验报告。

初期支护锁脚大管棚施工参数   表6-1

管径(mm)	长度(m)	注浆半径(m)	打设角度(°)
90	4	2	10

围岩注浆加固区物理参数   表6-2

重度 γ (kN/m³)	弹性模量 E (GPa)	泊松比 μ	内摩擦角 φ (°)	黏聚力 c (kPa)
25.0	0.59	0.25	30	200

由于本章节涉及管棚注浆数值计算,因此在上一章节计算假定的基础上增设如下假定:

(1)注浆浆液在管棚周围能够均匀扩散形成圆柱状的注浆加固体。

(2)注浆加固体均质、连续且各向同性(图6-4)。

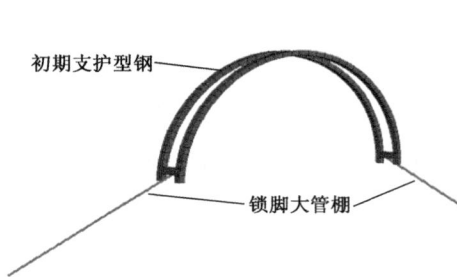

图6-3 锁脚大管棚数值计算模型

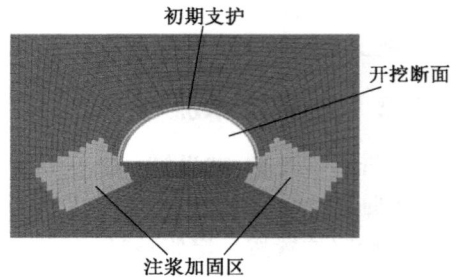

图6-4 注浆加固区数值计算模型

6.3 初期支护锁脚大管棚数值模拟结果及分析

本节将开展初期支护锁脚大管棚控制技术数值模拟计算,计算工况分为不施作初期支护锁脚大管棚和施作初期支护锁脚大管棚两种工况,选取隧道开挖后围岩的位移场、应力场、体积应变分布作为研究对象,依据这三者的演化规律分析初期支护锁脚大管棚控制技术对隧道稳定性的影响。

6.3.1 位移场分析

两种工况下隧道开挖后的位移场分布如图6-5所示,通过对两种工况下的位移场分布进行对比分析,研究该技术的可行性。两种工况下隧道的变形量如图6-6所示。

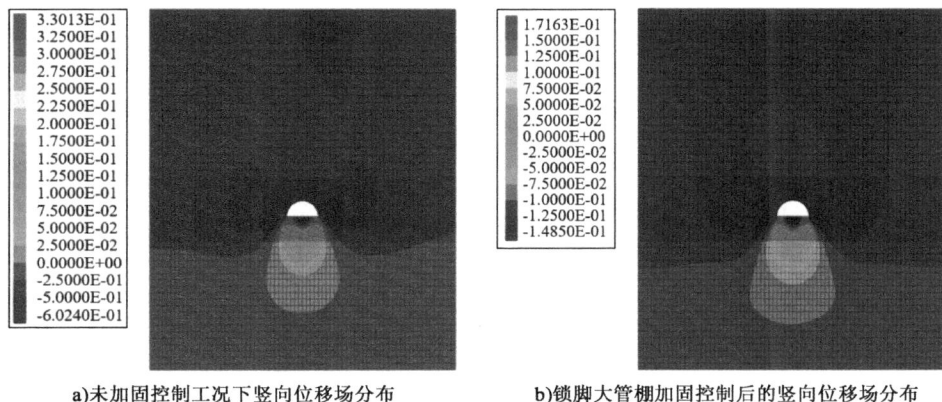

a)未加固控制工况下竖向位移场分布　　　　b)锁脚大管棚加固控制后的竖向位移场分布

图6-5　两种工况下的竖向位移场分布

由图6-5、图6-6可知,运用初期支护锁脚大管棚对围岩进行加固控制后,隧道的拱顶沉降和仰拱的竖向隆起有明显的改善,隧道拱顶沉降由未加固控制的400.1mm减小到加固控制后的145.2mm,沉降量减小了约63.7%。隧道仰拱的竖向隆起值由未加固控制的330.1mm减小到加固控制后的171.6mm,隆起量减小了约48%;未加固控制的工况下从隧道拱脚到拱顶,距离开挖面2~3m范围内的围岩沉降基本维持在100~400mm的范围内,沉降最小值112.7mm出现在拱脚处,拱腰为351.3mm,拱顶为400.1mm,沉降呈

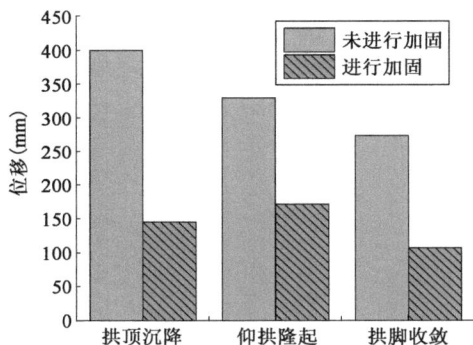

图6-6　两种工况下隧道的变形量

现出从拱脚到拱顶增大的趋势。进行加固控制后,拱脚处的围岩沉降量为72.4mm,拱腰处的沉降量为81.3mm,二者之间的沉降量差值减小。从图6-5b)中可以看出,拱脚和拱腰的等值沉降分布有逐渐向上发展的趋势,这表明在采用初期支护锁脚大管棚进行加固控制后,围岩的沉降有从拱脚到拱顶逐渐减小的趋势;模拟结果表明,两种工况下隧道中线上方的地表沉降量有明显的减小,未加固控制工况下地表沉降量为452.7mm,进行加固控制后地表沉降量为135.2mm,地表沉降量有显著的减少。

由图6-7可知,两种工况下隧道拱脚处的水平位移分布有较大改变。未加固控制的工况下隧道围岩水平位移最大值出现在拱脚附近,拱脚处水平位移值为274.3mm,且从水平位移等值曲线可以看出隧道发生水平位移的范围逐渐增大,从隧道拱脚处呈"八"字形向围岩深处继续发展。加固控制后隧道拱脚处水平位移发展受到限制,与未加固前相比,加固控制后拱脚处水平位移值为107.6mm,减小了约61%,且隧道发生水平位移的范围大幅度减小,隧道水平位移减小有利于减少仰拱的竖向隆起,预防仰拱开裂。

因此,从上述的分析中不难得出,施作初期支护锁脚大管棚能够有效限制隧道竖向位移和水平位移的发展,减少初期支护的位移变形量。此外,仰拱表面的隆起情况得到有效地改善,隧道整体稳定性得到提高。

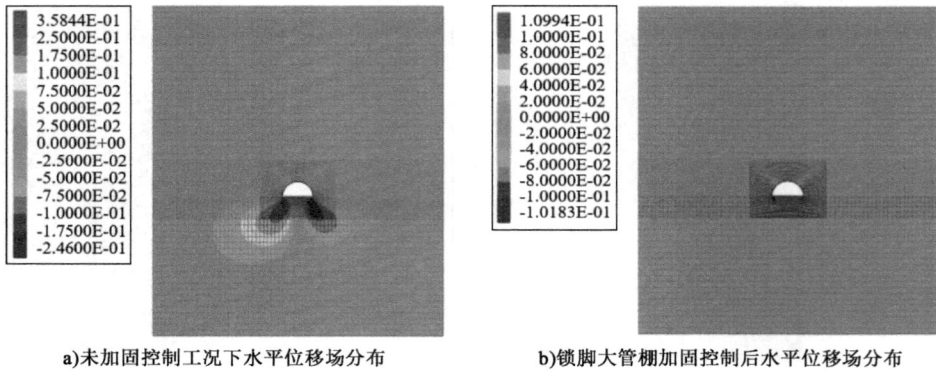

a)未加固控制工况下水平位移场分布　　　　　　b)锁脚大管棚加固控制后水平位移场分布

图6-7　两种工况下的水平位移场分布

6.3.2　应力场分析

通过分析最大主应力可以研究两种工况下隧道围岩和初期支护的应力变化,从而分析研究隧道稳定性的变化,两种工况下隧道开挖后的最大主应力场分布如图6-8所示。

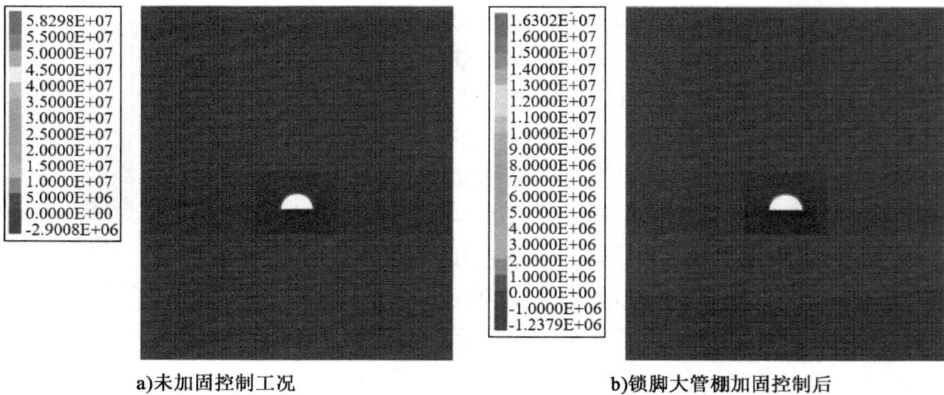

a)未加固控制工况　　　　　　　　　　b)锁脚大管棚加固控制后

图6-8　两种工况下隧道开挖后的最大主应力场分布

由图6-8、图6-9可知,两种工况下围岩的最大主应力分布近似相同,最大主应力以压应力为主,且随着围岩埋深的增加而增大。两种工况下应力分布的不同之处主要体现在初期支护钢拱架的受力特征上。未进行加固控制的钢拱架的最大主应力主要以拉应力为主,其最大峰值出现在拱顶处的内侧(靠近隧道开挖面一侧)。

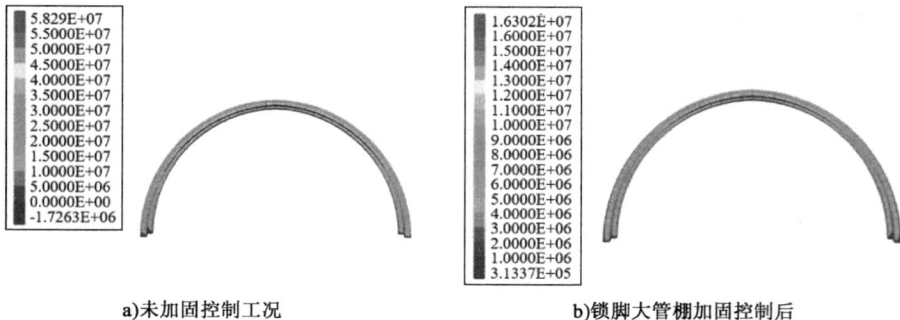

a)未加固控制工况　　　　　　　　　　b)锁脚大管棚加固控制后

图6-9　两种工况下初期支护钢拱架最大主应力场分布

沿隧道径向方向,其内侧的最大主应力要大于外侧(靠近围岩一侧),呈现出由外向内逐渐增大的规律,且在拱脚处最大主应力为压应力;加固控制后钢拱架的最大主应力全部为拉应力,其最大值位于拱顶的内侧,且其最大主应力也存在由外向内逐渐增大的分布。此外,进行加固控制后初期支护拱脚处未出现压应力,这表明初期支护的受力状态有所改善,有利于减小拱脚受压扭曲变形。分析其原因,加固控制前隧道围岩较为松散,强度较低,弹性模量较低,在隧道开挖后容易产生较大变形挤压钢拱架。运用锁脚大管棚对拱脚处的围岩进行注浆加固后,围岩的物理力学性能有较大幅度提高,围岩变形量减少,初期支护所受荷载减小。此外,围岩进行加固后,其水平位移量减小,仰拱隆起值减小,初期支护钢拱架受到的挤压程度降低,其脚部的应力得以减小,最大主应力逐渐转变为拉应力。

通过上述分析可以得出,施作初期支护锁脚大管棚有利于改善初期支护的受力特征,降低钢拱架产生扭曲变形灾害的风险。

6.3.3　体积应变分析

体积应变可以反映加固控制前后围岩的体积变形趋势,图 6-10 所示是两种工况下隧道开挖后的体积应变分布。

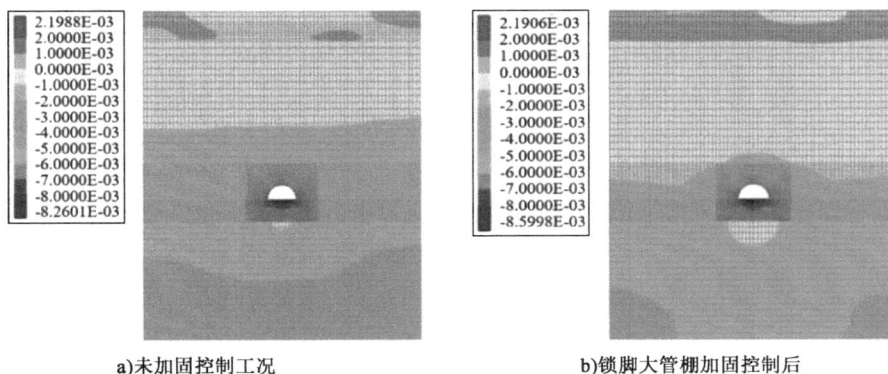

a)未加固控制工况　　　　　　　　　b)锁脚大管棚加固控制后

图 6-10　两种工况下隧道开挖后的体积应变分布

对比分析图 6-10 可知,两种工况下围岩的体积应变主要为负值,说明围岩在自重应力和蠕变效应下发生了体积压缩,且随着围岩埋深越大,体积应变也逐渐增大。在仰拱处体积应变为正值,说明仰拱在两侧围岩的挤压下发生了体积膨胀;运用锁脚大管棚进行加固控制后,隧道拱顶围岩的体积应变由未加固控制的 -0.0021 减小到 -0.0016。从两图的等值体积应变曲线可以看出,加固控制后初期支护周围围岩的体积应变发展范围明显缩小,未加固控制时从拱脚到拱顶沿隧道径向 $0 \sim 5.2\text{m}$ 范围内形成了一个圆环形区域,这个区域的体积应变值为 $-0.004 \sim -0.002$,加固控制后这个范围减小到 $0 \sim 4.1\text{m}$,且该区域的体积应变减小到 $-0.002 \sim -0.0015$。除此之外,仰拱下部围岩的体积应变也从 0.0009 减小到 0.0003,这表明用锁脚大管棚进行加固控制后能够有效地限制围岩的变形,降低体积应变,提高隧道的稳定性。

综上所述,隧道加固控制后围岩的位移收敛、变形程度以及初期支护的受力特征均得到不同程度的改善,这表明隧道开挖后施作初期支护。锁脚大管棚能够有效减少初期支护的沉降和水平收敛,限制围岩变形,预防大变形事故的发生。

6.4　初期支护锁脚大管棚控制效果影响因素分析

为确定初期支护锁脚大管棚最优的施工参数,本节将从注浆加固半径、打设角度、管棚管径、管棚长度四方面入手,运用 FLAC 3D 有限差分软件研究这四个施工参数与隧道大变形控制效果之间的关系。

选取注浆半径 2m、打设角度 30°、管棚管径 90mm、管棚长度 3m 作为标准工况,以该工况为基准,研究某一施工参数时只对该参数进行修改,其余参数不变。选取隧道拱顶沉降、拱脚水平收敛以及初期支护的最大主应力分布作为判断隧道控制效果的指标。

6.4.1　注浆加固半径的影响

设置注浆加固半径为 1.5m、2m、2.5m、3m 四个工况,研究不同注浆加固半径与控制效果之间的关系。

1) 拱顶沉降、拱脚收敛分析

四种工况下隧道拱顶沉降和拱脚水平收敛变化如图 6-11 所示。

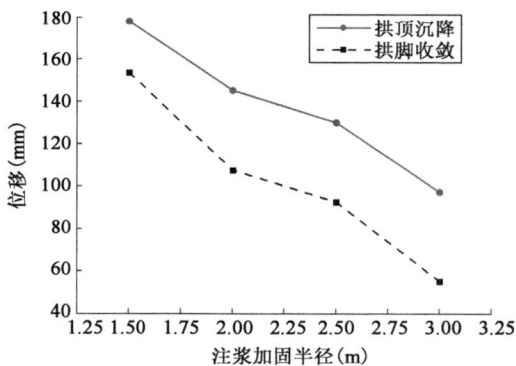

图 6-11　拱顶沉降和拱脚水平收敛变化曲线

由图 6-11 可得,管棚的注浆加固半径对隧道拱顶沉降和拱脚水平收敛有较大影响。随着注浆加固半径的增大,隧道的拱顶沉降和拱脚的水平收敛逐渐减小,注浆加固半径为 1.50m 时,隧道拱顶沉降为 178.3mm,拱腰收敛值为 153.6mm;当注浆加固半径逐渐增加到 3.00m 时,拱顶沉降量减小到 97.2mm,拱脚水平收敛值减小到 55.1mm,二者分别减小了约 45.4% 和 36.7%。分析其原因,注浆加固半径增大后,注浆加固区范围也逐渐增大,由于加固区内围岩的力学参数要优于未加固的围岩,加固后能够抑制围岩蠕变变形发展的同时还能抵抗周围围岩的沉降变形,因此增大注浆加固半径能有效地增加隧道稳定性,减少隧道拱顶沉降和拱脚水平收敛。

2) 初期支护最大主应力分布分析

四种工况下隧道初期支护的最大主应力分布如图 6-12 所示。

分析图 6-12 可得,在四种不同的工况下,初期支护钢拱架的最大主应力分布存在相似之处,钢拱架的最大主应力均为拉应力,且其应力分布存在以下规律:(1)从横向来看,越靠近隧道中线最大主应力值越大。(2)从纵向上来看,最大主应力呈现出"下部 >上部""拱顶 >拱腰 >拱脚"的应力分布,其最大值出现在拱顶处。(3)从径向上来看,初期支护靠近隧道开挖面一侧的最大主应力要大于靠近围岩一侧。

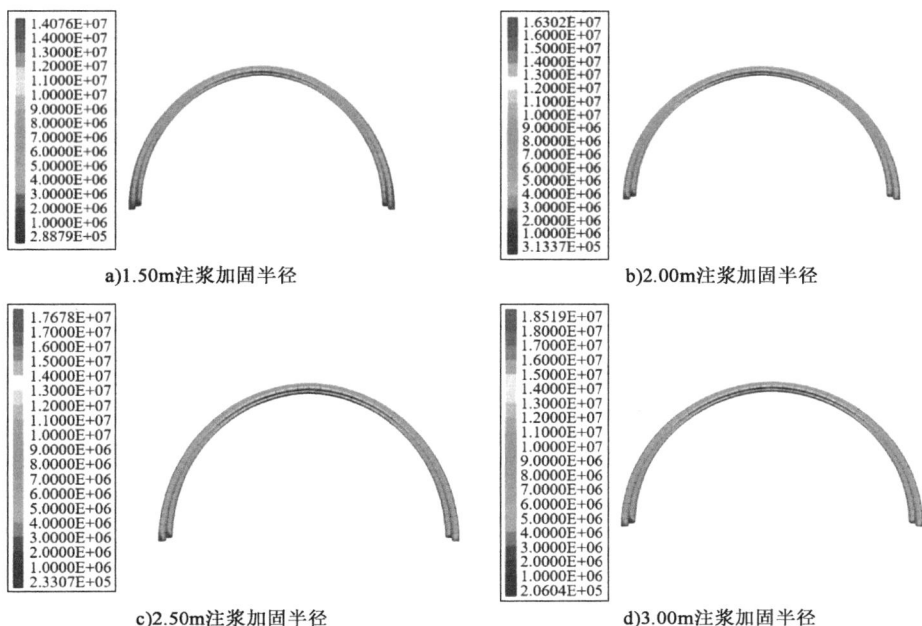

a)1.50m注浆加固半径

b)2.00m注浆加固半径

c)2.50m注浆加固半径

d)3.00m注浆加固半径

图6-12 不同注浆加固半径下初期支护钢拱架最大主应力场分布

随着注浆加固半径的增大,拱顶处的最大主应力逐渐增大,但增加幅度相对较小。注浆加固半径为1.50m时,拱顶处的最大主应力为14MPa,当加固半径增加到3.00m时,拱顶处的最大主应力值增加到18.5MPa,增加了32%,这表明钢拱架受拉水平增加,材料得到了有效利用。

综上,注浆加固半径增大后,有利于减小隧道拱顶沉降和拱脚水平收敛,增加隧道的稳定性,但要注意对钢拱架进行应力监测,及时检查钢拱架的使用情况。

6.4.2 打设角度的影响

设置管棚打设角度(管棚与水平面的夹角)0°、10°、20°、30°四个工况,研究不同打设角度与控制效果之间的关系。

1)拱顶沉降、拱脚收敛分析

四种工况下隧道拱顶沉降和拱脚水平收敛变化如图6-13所示。

分析图6-13可知,隧道拱顶沉降量、拱脚水平收敛值与注浆管棚的打设角度之间呈负相关,随着打设角度的增加,隧道的沉降量和收敛值会逐渐减小。当打设角度从0°增加到30°时,隧道沉降值由162.4mm减小到128.7mm,减少了33.7m约20.8%。拱脚收敛值由120.5mm减小到93.4mm,减少了约22.5%。且从图6-13中可以看出曲线斜率越来越小,这表明随着管棚打设角度的增大,其控制效率会逐渐减弱。

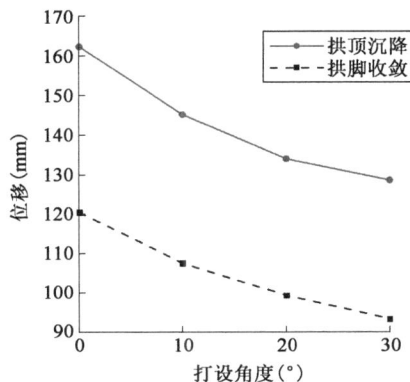

图6-13 拱顶沉降和拱脚水平收敛变化曲线

2）初期支护最大主应力分布分析

四种工况下隧道初期支护钢拱架的最大主应力场分布如图6-14所示。分析图6-14可得，在四种不同的工况下，初期支护钢拱架的应力场分布与6.4.1节分析的相似，最大主应力在横向、纵向、径向三个方向上存在相同的变化规律，拱顶处的最大主应力随着打设角度的增加而增大。由于有连接型钢的存在，在打设角度增大的同时，拱脚处的最大主应力呈现不规律变化，因此在监测初期支护拱顶处的应力时，也应对拱脚处的应力进行监测，防止初期支护脚部因应力过大而产生变形破坏。

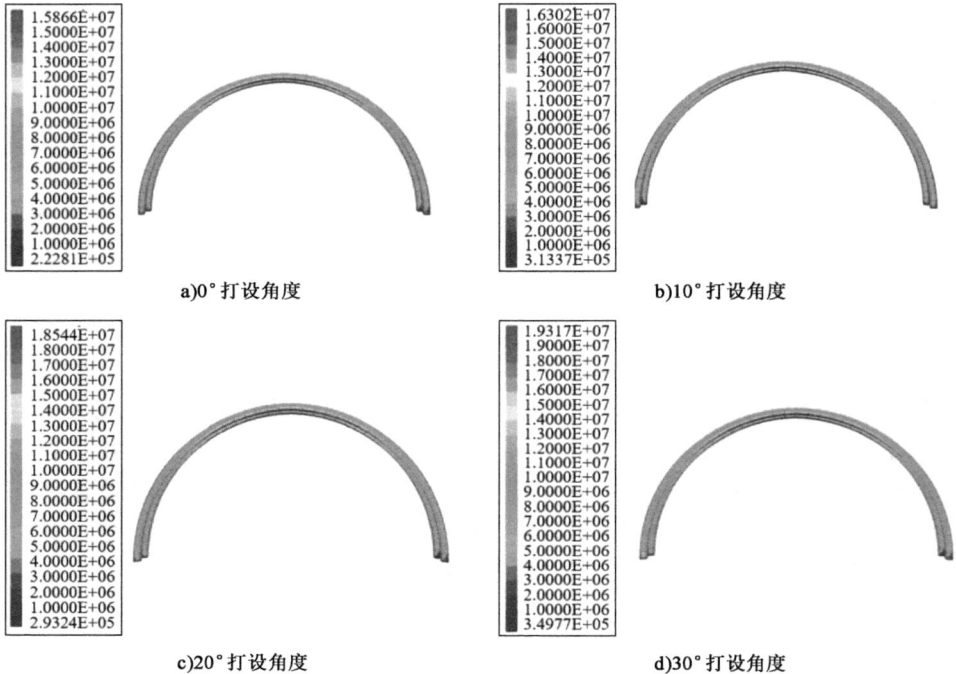

a)0°打设角度 b)10°打设角度

c)20°打设角度 d)30°打设角度

图6-14　不同打设角度下初期支护钢拱架最大主应力场分布

综上所述，适当的打设角度能够有效提升锁脚大管棚的控制效果，但从工程实际出发，受隧道轮廓尺寸和管棚长度的限制，过大的打设角度不便进行施工，因此从施工的可行性及控制效果考虑，打设角度宜控制在10°~30°之间。

6.4.3　管棚管径的影响

设置管棚管径（直径）80mm、90mm、100mm、110mm四个工况，研究不同管棚管径与控制效果之间的关系。

1）拱顶沉降、拱脚收敛分析

四种工况下隧道拱顶沉降和拱脚水平收敛变化如图6-15所示。根据图6-15可得随

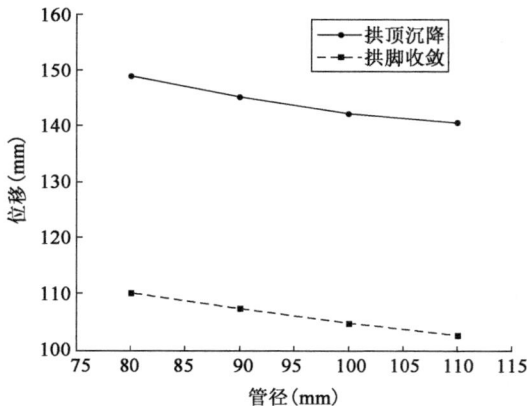

图6-15　拱顶沉降与拱脚水平收敛变化曲线

着锁脚管棚管径的增加,隧道拱顶沉降与拱脚水平收敛出现了下降的趋势,但是从数值上来看下降的幅度较小,近似不变。在管径为 80mm 的时候,隧道拱顶沉降为 148.9mm,当管径增加到 110mm 时,拱顶沉降减小到 140.6mm,减小了 8.3mm。同样,管径从 80mm 增加到 110mm 时,拱脚的水平收敛减小了 6.7%,从 110.4mm 下降到 102.9mm,这表明增大管棚管径虽能减小隧道沉降和水平收敛,但是沉降量以及收敛量的变化幅度较小,二者的变化量均小于 10%。因此,从加固效果来看,通过增大管棚管径并不能显著减小隧道的变形,作用效果并不明显。

2)初期支护最大主应力分布分析

四种工况下隧道初期支护的最大主应力分布如图 6-16 所示。

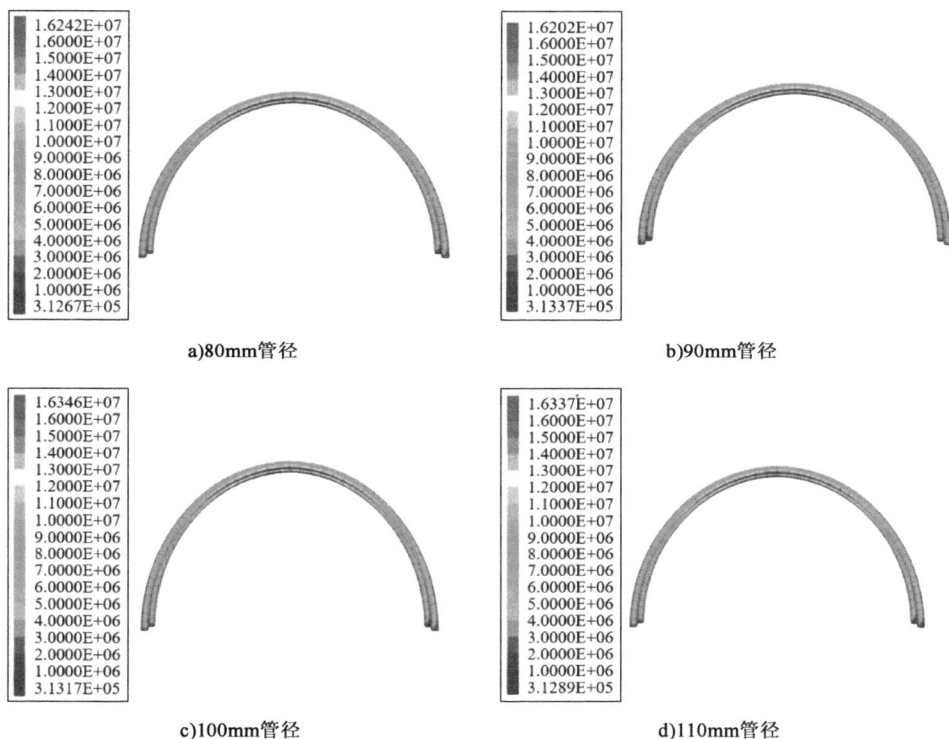

a)80mm管径

b)90mm管径

c)100mm管径

d)110mm管径

图 6-16　不同管径下初期支护钢拱架最大主应力场分布

由图 6-16 可以看出,隧道在改变管径前后钢拱架的应力分布基本不变,这表明改变管棚管径对钢拱架的应力分布影响较小,管径的改变不会改善初期支护钢拱架的应力分布。

综上,管棚管径对隧道的控制效果影响较小,在实际工程中,管棚管径的设计应从经济性和施工的便宜性等方面进行综合考虑。

6.4.4　管棚长度的影响

设置管棚长度 3m、4m、5m、6m 四个工况,研究不同管棚长度与控制效果之间的关系。

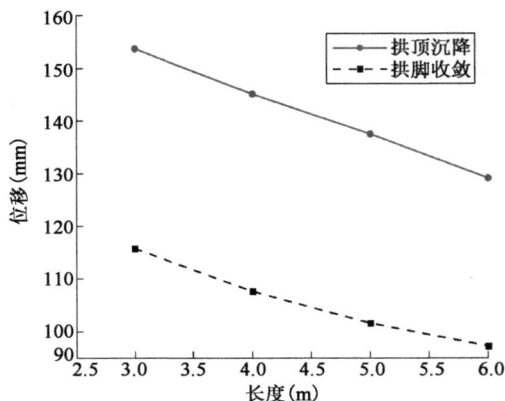

图 6-17　拱顶沉降与拱脚收敛变化曲线

1)拱顶沉降、拱脚收敛分析

四种工况下隧道拱顶沉降和拱脚水平收敛变化如图 6-17 所示。

分析图 6-17 可得,管棚长度与隧道沉降和水平收敛之间呈负相关,管棚长度越长,隧道沉降与水平收敛值会逐渐减小,拱顶沉降由 153.8mm 逐渐减小到 129.2mm,水平收敛由 115.8mm 逐渐减小至 97.3mm,对隧道大变形的控制效果较为明显。分析其原因,随着管棚长度的增加,锁脚管棚能够加大注浆范围,对距离拱脚较远的围岩进行加固,改善围岩的物理力学性质。此外管棚长度增加后,可以将初期支护的荷载向深部围岩进行传递,增强初期支护的承载能力,减小初期支护的变形。

2)初期支护最大主应力分布分析

四种工况下隧道初期支护的最大主应力场分布如图 6-18 所示。

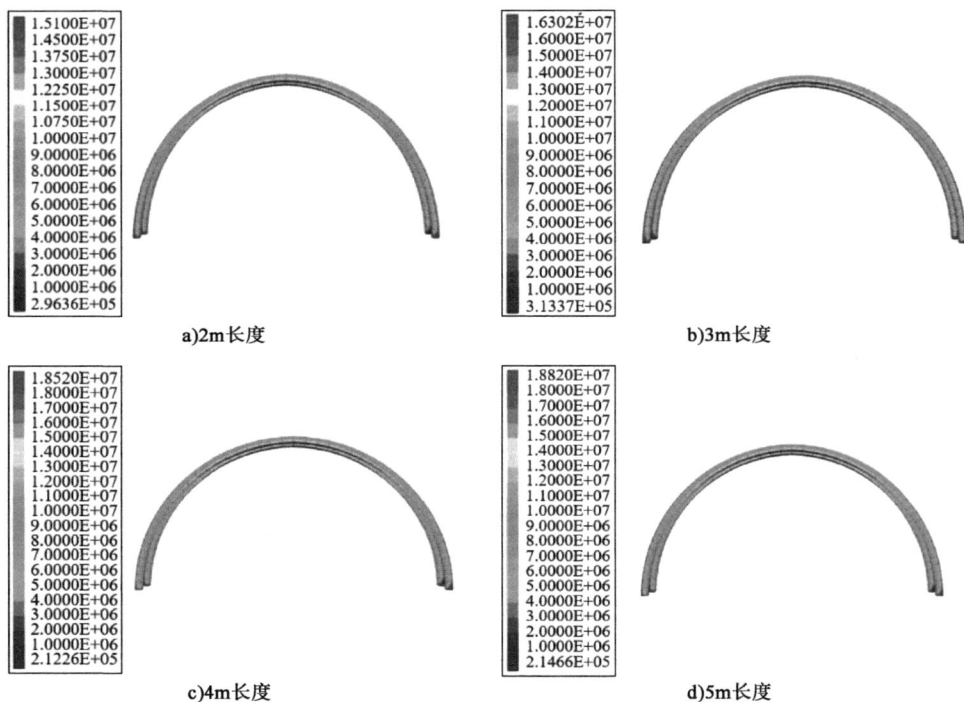

a)2m长度

b)3m长度

c)4m长度

d)5m长度

图 6-18　不同管棚长度下初期支护钢拱架最大主应力场分布

分析图 6-18 可得,在管棚长度增大的工况下,初期支护钢拱架拱顶处的最大主应力会逐渐增大。管棚长度为 2m 时,拱顶处的最大主应力为 14.8MPa;当管棚长度增加大到 5m 后,该值会增加到 18.8MPa。其中管棚长度 4m 和 5m 时,拱顶处的最大主应力相差较小,这表明继续增加管棚长度对钢拱架的应力分布影响较小。此外,拱脚处最大主应力基本维持在 0.2 ~ 0.3MPa,这表明在管棚长度增加的过程中,拱脚基本处于一个稳定的状态,不会出现失稳破坏的现象。

经上述分析可知,不同的施工参数对锁脚管棚的控制效果具有不同程度的影响。管棚的注浆加固半径是影响锁脚大管棚的主控因素。计算结果显示,随着管棚注浆加固半径的增大,围岩的控制效果越明显,隧道的拱顶沉降及水平收敛得到了有效的控制;锁脚大管棚打设角度与控制效果之间呈正相关,但增加打设角度并不能显著地提高控制效果,且随着打设角度的增大,锁脚大管棚的控制效率会逐渐降低;管棚长度越大,控制效果越明显。但由于受到隧道尺寸及施工条件的限制,设计管棚长度时,应考虑实际工况;锁脚大管棚的管径对控制效果影响最小。计算结果显示,改变管棚管径前后隧道的变形量基本不变,因此改变管棚管径不能有效增强其控制效果。

第7章　江西萍莲高速公路莲花隧道大变形控制工程实践

结合江西萍莲高速公路莲花隧道工程,在前文全风化砂页岩劈裂注浆加固机理的研究基础上,运用 FLAC 3D 有限差分软件进行数值模拟,设置厚度为 3m 和 6m 的注浆加固区,对比没有进行注浆加固时隧道的开挖情况,验证全风化砂页岩劈裂压密注浆加固的效果。

同时,在前文全风化砂页岩隧道大变形机理以及初期支护锁脚大管棚控制技术的基础上,通过数值模拟与现场监测相结合的方式,对比数值计算结果与监测数据对前文研究成果进行验证。

7.1　工程概况

本书研究所依托的莲花隧道工程为双线分离式隧道,起止桩号为 ZK35 + 035 ～ ZK38 + 245/YK35 + 050 ～ YK38 + 270,左线 3210m,右线 3220m。隧道最大埋深 317m(左洞)/330m(右洞),工程地质条件复杂,属于大断面隧道。隧道穿越地层从上到下依次为残破积层、全风化砂岩层、强风化砂岩层、中风化砂岩层,为破碎、极破碎岩层,物理力学性质较差,隧道开挖后稳定性较差,易出现塌方、涌水涌泥、拱顶大变形等事故,隧道围岩以Ⅳ级和Ⅴ级为主,模型的分层设计便于介质充填和开挖验证,通过埋设注浆管路设备,可模拟分段注浆工艺,具有较强的工程指导意义。

隧道施工设计如图 7-1 所示,隧道采用初期支护 + 二次衬砌的复合衬砌形式,初期支护由工字钢拱架、超前小导管、超前锚杆、径向锚杆、钢筋网及 C30 喷射混凝土组成,厚度为 30cm,二次衬砌采用钢筋混凝土,混凝土等级为 C30,厚度为 60cm。ZK35 + 035 ～ ZK38 + 245 全断面注浆管采用外径 42mm、壁厚 5mm 的热轧无缝注浆钢花管,每环超前预注浆设置 59 个注浆孔,环向间距 0.7m,纵向间距 0.5m,与系统锚杆错开布置。

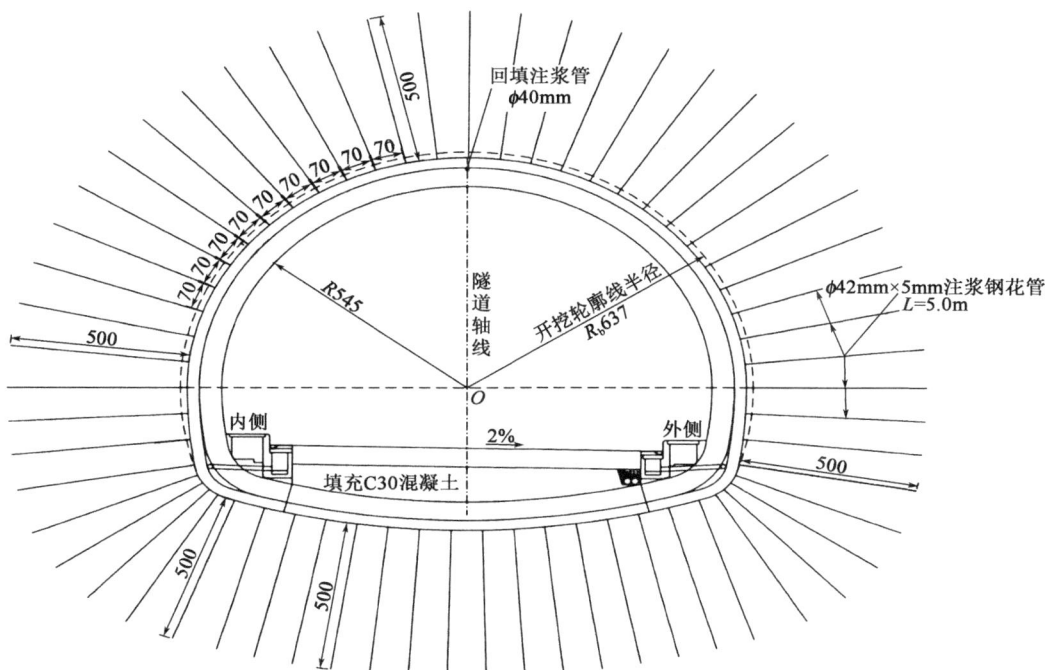

图7-1 莲花隧道施工设计(尺寸单位:cm)

7.2 注浆加固效果验证

基于前文的研究,选取典型工况,设置3m和6m的注浆加固区,改变地层的力学性能,从初期支护水平位移、拱顶沉降、围岩最大主应力、围岩塑性区这四个方面验证注浆加固的效果。

7.2.1 模型建立

根据莲花隧道ZK-36+802~ZK36+865断面工况建立数值计算模型(图7-2)。模型四周及底部设置法向约束,顶部为自由边界,模型宽度取8~10倍洞径,在竖直方向上按照实际地形选取。由于本书不研究施工工序对隧道开挖稳定性的影响,因此在纵向上取1m,建立二维数值计算模型。模型尺寸为100m×136.6m,模型厚度为1m,其中隧道埋深68m,隧道洞径12m,高度8.1m。经过注浆加固后,初期支护附近的土层被压密,土层的各项力学性能(压缩模量、黏聚力、内摩擦角、渗透率)发生改变,承载力增强。因此,在隧道初期支护附近设置注浆加固区,厚度分别为3m和6m。对比注浆加固前的隧道开挖情况,验证全强风化砂页岩劈裂压密注浆加固的效果。

数值计算过程中,岩土体采用莫尔-库仑模型。在初期支护的拱顶、拱腰和拱脚处设置监测记录点,记录其拱顶沉降水平位移。根据工程地质报告,土层从上往下依次为:残坡积层、全风化砂岩层、强风化砂岩层、中风化砂岩层、注浆加固层。初期支护型钢的物理力学参数来源于钢材的测试报告,模型材料的参数取值见表7-1。

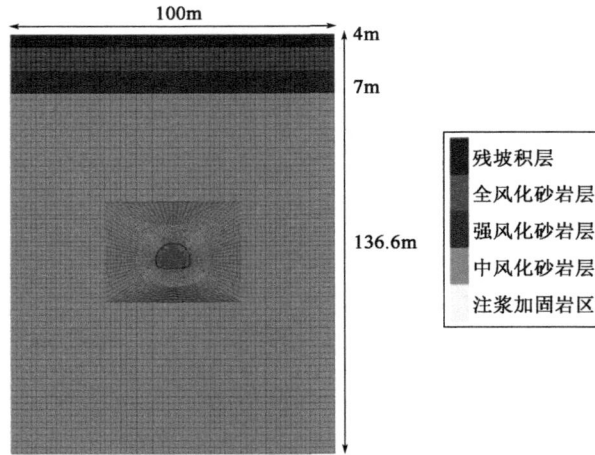

图 7-2　莲花隧道数值计算模型

模型材料参数表　　　　　　　　　　　　　　表 7-1

围岩	重度 （kN/m³）	弹性模量 （GPa）	泊松比	内摩擦角 （°）	黏聚力 （kPa）
残坡积层	18.2	0.02	0.4	22	30
全风化砂岩层	20.5	0.06	0.4	22	32
强风化砂岩层	21.4	0.15	0.4	22	36
中风化砂岩层	21.6	0.27	0.33	25	40
初期支护层	25.0	20.0	0.21	—	—
注浆加固区	22.0	0.60	0.25	30	70

7.2.2　注浆加固效果验证

基于前文的研究,选取典型工况,设置 3m 和 6m 的注浆加固区,改变地层的力学性能,从初期支护水平位移、拱顶沉降、围岩最大主应力、围岩塑性区这四个方面验证注浆加固的效果。

1) 水平位移

位移场的变化可以反映隧道围岩与初期支护的水平位移变化,设置 3m 和 6m 的注浆加固区,加固前与加固后的初期支护水平位移如图 7-3 所示。

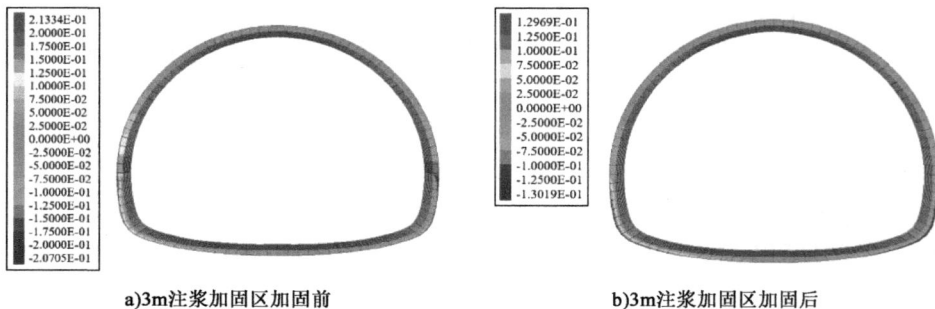

a)3m注浆加固区加固前　　　　　　　　b)3m注浆加固区加固后

图　7-3

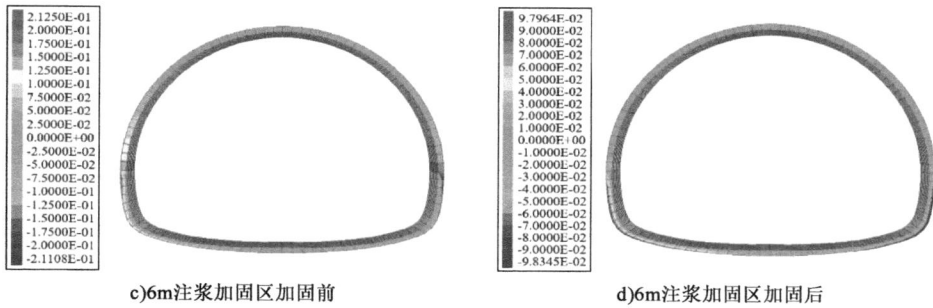

c)6m注浆加固区加固前 d)6m注浆加固区加固后

图7-3　初期支护水平位移对比

由图7-3可知,在没有进行注浆加固的情况下,隧道的最大水平位移出现在拱腰的两侧,最大水平位移为213.34mm,而拱顶和拱底处水平位移并不明显,基本没有发生水平方向的位移。经过注浆加固,注浆加固区的各项力学性质都得到了明显提高,隧道初期支护各位置的水平位移明显降低,3m加固区和6m加固区的隧道水平位移分布基本相似,最大水平位移位置都出现在隧道底部两侧,分别为130.19mm和98.34mm,对比没有经过注浆加固时的水平位移,各减小了38%和54%,加固效果明显。

2)竖向位移

位移场的变化可以反映隧道围岩与初期支护的竖向位移变化情况,设置3m和6m的注浆加固区,加固前与加固后的初期支护竖向位移如图7-4所示。

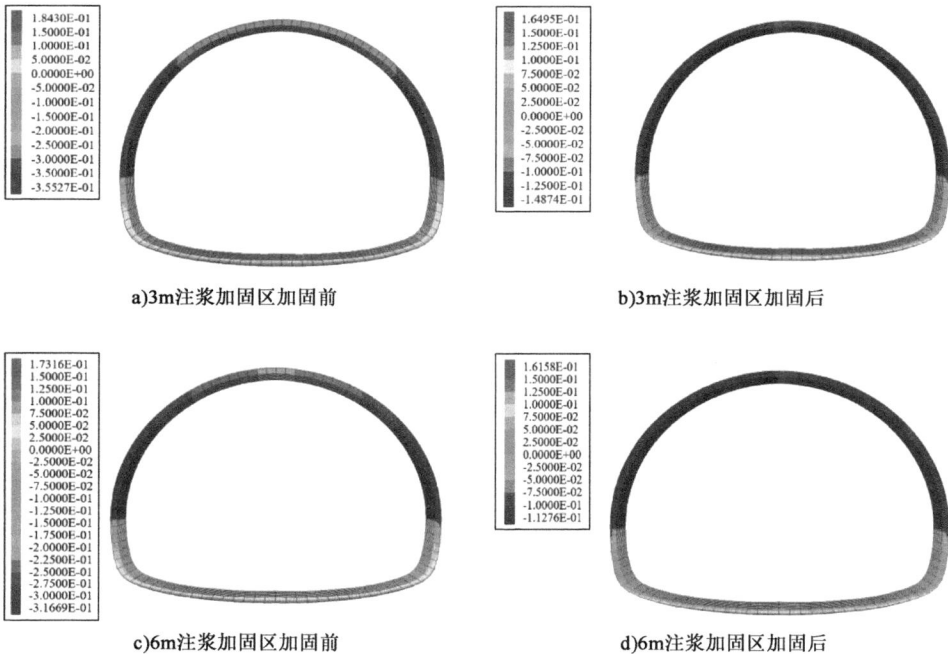

a)3m注浆加固区加固前 b)3m注浆加固区加固后

c)6m注浆加固区加固前 d)6m注浆加固区加固后

图7-4　初期支护竖向位移对比

由图 7-4 可知,在没有进行注浆加固的情况下,隧道的竖向最大位移主要集中在隧道初期支护的上半部分和拱底的正下方,最大竖向位移出现在隧道初期支护两侧为 355.27mm,初期支护拱底处的最大竖向位移为 184.30mm。经过注浆加固后,注浆加固区的各项力学性质都得到了明显提高,隧道初期支护两侧的竖向位移降低明显,但是隧道初期支护拱底的竖向位移改变并不十分明显。3m 加固区和 6m 加固区的隧道竖向位移分布基本相似,相对于没有注浆加固的竖向位移趋势变化不大。两侧和拱底的最大竖向位移位置分别为 148.74mm、164.95mm 和 112.76mm、161.58mm,对比没有经过注浆加固时的水平位移,各减小了 58%、10% 和 64%、12%,两侧的竖向位移减小十分明显,但拱底的竖向位移变化不大。

3) 最大主应力

应力场的变化可以反映隧道围岩与隧道初期支护的应力变化情况,设置 3m 和 6m 的注浆加固区,加固前与加固后的围岩与隧道初期支护应力场如图 7-5 所示。

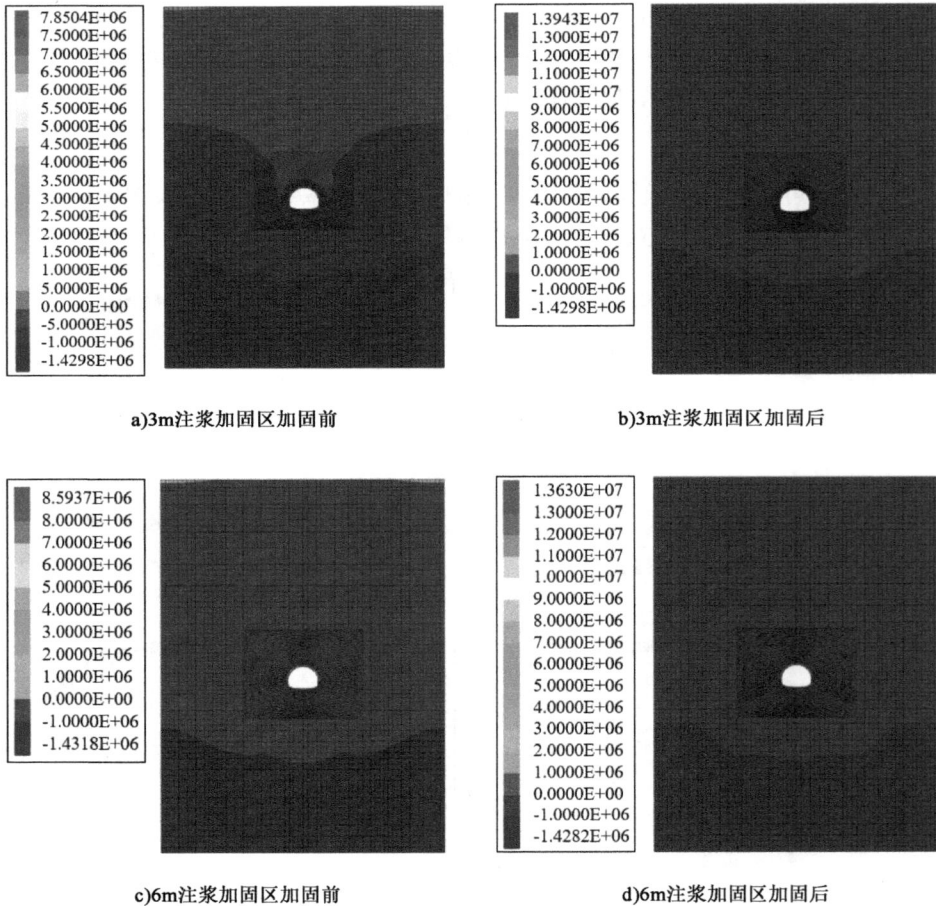

a)3m注浆加固区加固前

b)3m注浆加固区加固后

c)6m注浆加固区加固前

d)6m注浆加固区加固后

图 7-5　应力场

分析图7-5可得,在未进行注浆加固之前,隧道围岩的最大主应力以压应力为主,而在隧道初期支护内部,由于初期支护需要承受围岩的荷载,因此最大主应力主要以拉应力为主。在进行注浆加固后,隧道整体的主应力分布与未进行注浆加固相似,但隧道附近的围岩最大主应力有明显的降低,说明注浆加固可以减小隧道附近围岩的应力。

4)塑性区

塑性区可以反映隧道围岩发生塑性破坏区域的分布情况,设置3m和6m的注浆加固区,加固前与加固后的围岩与隧道初期支护塑性区情况如图7-6所示。

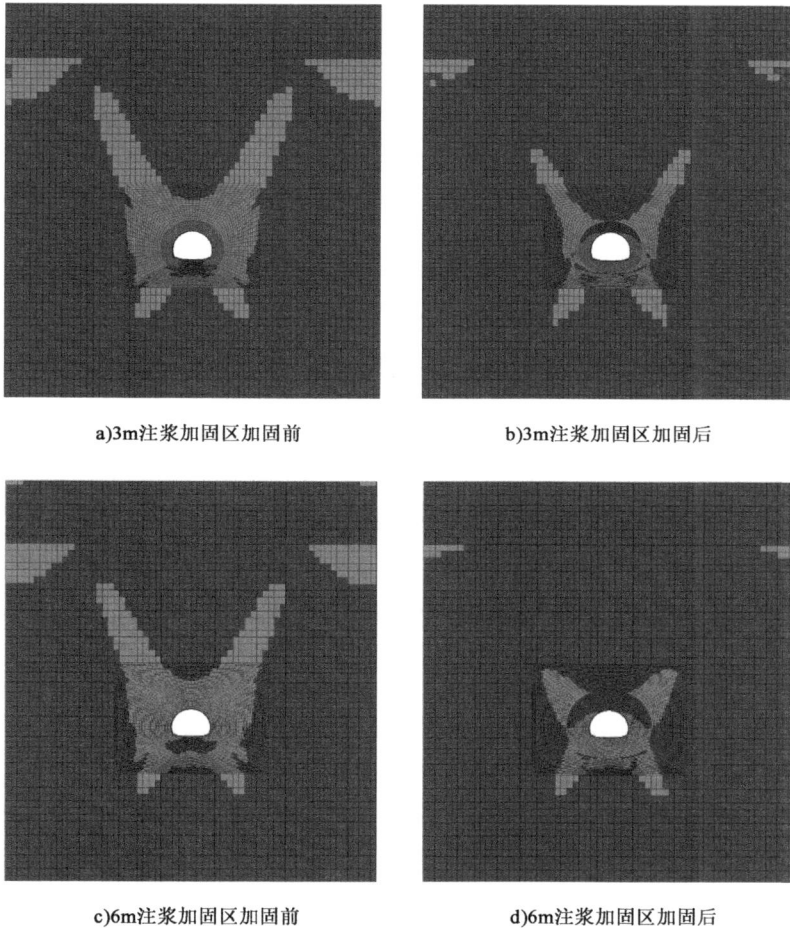

a)3m注浆加固区加固前

b)3m注浆加固区加固后

c)6m注浆加固区加固前

d)6m注浆加固区加固后

图7-6 塑性区对比

由图7-6可知,在未进行注浆加固之前,隧道围岩的塑性区范围比较大,隧道附近的围岩出现了大量的塑性区,尤其是隧道初期支护的底部,因此在隧道开挖后,隧道的底部最容易出现塑性区。而经过注浆加固后,围岩塑性区的面积大幅度减小,尤其是注浆加固区为6m时,塑性区面积减小明显,隧道顶部围岩没有进入塑性阶段,说明注浆加固对防止隧道围岩发生破坏作用很大,注浆加固效果明显。

7.3　大变形数值模拟计算结果验证

7.3.1　模型建立

隧道掘进至 ZK37＋428 断面时发生大变形事故，隧道上半断面开挖后拱沉降在两周内达到 227.5mm，拱脚水平收敛值达 203.7mm，初期支护出现开裂、剥落现象（图 7-7），现场施工被迫停止。该断面隧道埋深 38.5m，属于浅埋地段。从地表到隧道，土层依次为：残坡积层（2m）、全风化砂岩层（3m）、强风化砂质板岩层（5m）、全风化砂页岩层（30m）。

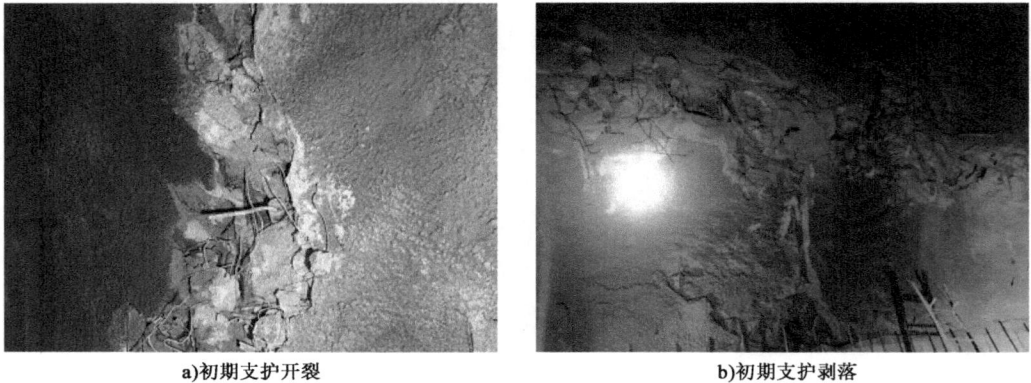

a)初期支护开裂　　　　　　　　　　b)初期支护剥落

图 7-7　ZK37＋428 断面大变形灾害

7.3.2　大变形数值模拟计算结果验证

图 7-8 和图 7-9 是未施作初期支护锁脚大管棚时的数值计算结果，数值计算时考虑了围岩的蠕变效应，围岩蠕变时间设置为 14d。图 7-10 为现场的监测数据。通过对图 7-8、图 7-9 和图 7-10 进行对比分析可知，在未施作管棚的工况下，隧道开挖后拱顶沉降为 254.2mm，拱脚水平收敛为 230.9mmm，计算结果与现场监测值相比分别相差 11.7% 和 14%，计算误差在 15% 以内，这表明考虑围岩蠕变效应的数值计算模型能够较好地反映工程实际，这也验证了第 3 章关于全风化砂页岩隧道大变形机理的研究。

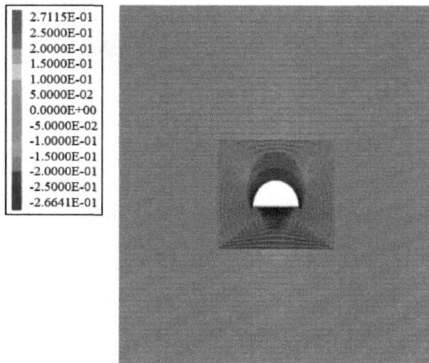

图 7-8　竖向位移场分布　　　　　　　图 7-9　水平位移场分布

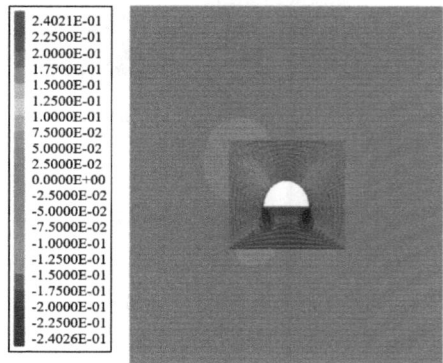

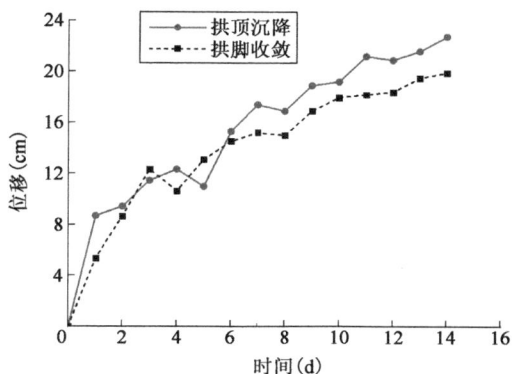

图 7-10　ZK37 + 428 断面现场监测曲线

7.4　初期支护锁脚大管棚大变形控制技术应用验证

ZK37 + 428 断面发生大变形后,现场通过增加横撑、换拱等措施控制住了该断面的隧道大变形。但根据地勘资料和超前地质报告显示,隧道前进方向的下一开挖进尺也存在相同的地质情况。因此,为验证初期支护锁脚大管棚的控制效果,在后续的隧道开挖施工中运用初期支护锁脚大管棚,通过对隧道拱顶沉降和拱腰水平收敛的监测,验证初期支护锁脚大管棚的工程应用。

7.4.1　初期支护锁脚大管棚施工参数设计

为方便隧道锁脚大管棚的施工,管棚的长度不宜过长,打设角度不宜过大。若长度过长或者打设角度过大,则在施工过程中可能出现管棚与围岩相接触阻碍施工的现象,在初期支护锁脚大管棚控制效果影响因素分析的基础上,综合考虑控制效果、施工可行性与经济性,设置管棚管径为 100mm、管棚长度为 6m、打设角度为 20°、注浆加固半径为 2m。

7.4.2　现场实施过程

为确保初期支护锁脚大管棚能够顺利架设,施工流程按照以下方案实施,图 7-11 为现场施工照片。

(1)现场采用钻爆的方式对上半断面进行开挖,沿隧道径向超挖预留 15cm 的变形量,沿隧道进深方向开挖 0.5m。

(2)隧道开挖完成后用 C30 喷射混凝土 + φ22 砂浆锚杆对隧道围岩进行喷锚支护,砂浆锚杆长度为 3.5m,环向间距 40cm。

(3)喷锚支护完成后挂 φ6.5 钢筋网,钢筋间距 20cm × 20cm。

(4)架设 20a 工字钢,工字钢纵向间距 50cm,每架设完一榀工字钢后用 C30 喷射混凝土对工字钢进行喷筑。

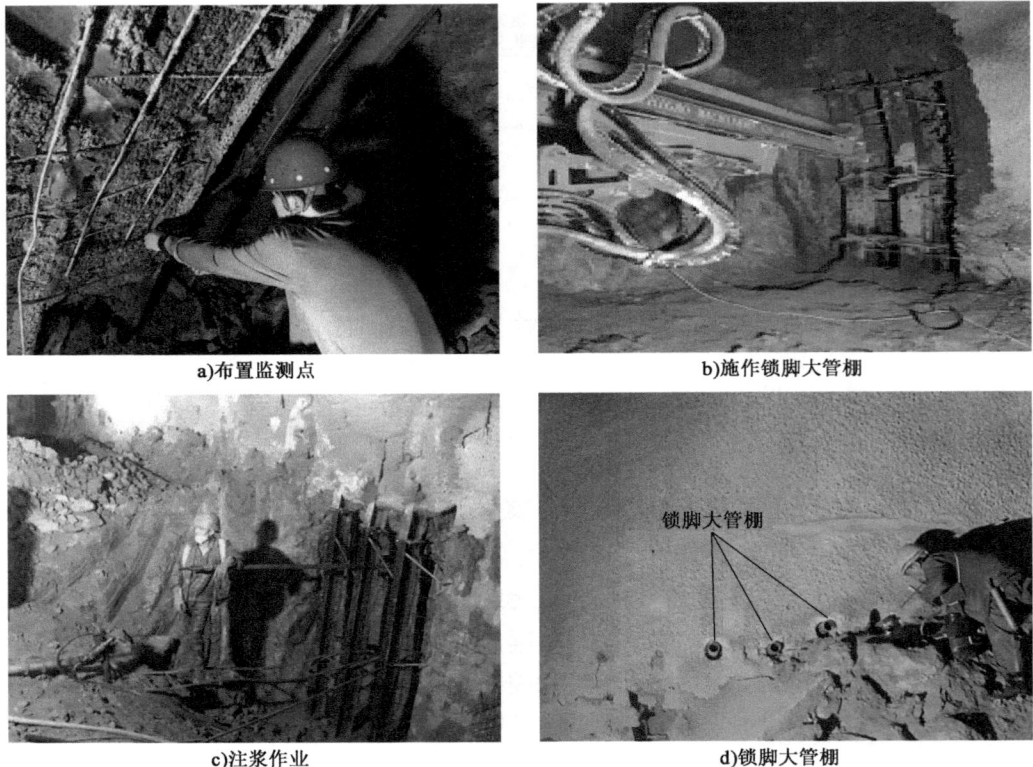

a)布置监测点   b)施作锁脚大管棚

c)注浆作业   d)锁脚大管棚

图 7-11　大变形区段现场施工照片

（5）在预设位置打入锁脚大管棚并对管棚进行注浆,选取水泥-水玻璃双液浆、水泥单液浆作为注浆材料,其中水泥-水玻璃双液浆用于控制浆液扩散范围,水泥单液浆用于保证加固体的长期性能。水泥浆液采用普通硅酸盐水泥单液浆,水灰比 $w/c = 0.8 \sim 1.0$。水泥-水玻璃双液浆中水灰比 $w/c = 1.0$,双液体积比 $C:S = 3 \sim 4:1$,双液浆凝胶时间控制在 1min 以内。在注浆过程控制中,水泥-水玻璃双液浆的注浆压力控制在 $1.5 \sim 2$MPa,水泥单液浆的注浆压力控制在 $1.0 \sim 1.4$MPa 范围内。

注浆过程采用注浆压力与注浆量双控的注浆结束标准,达到设计终压并稳定 10min,且进浆速度为开始速度的 1/4 或注浆量达到设计注浆量的 80%,如在注浆过程中出现冒浆,可提前停止注浆。

（6）架设连接型钢,将连接型钢与管棚、工字钢相连。

（7）重复步骤（1）~（6）,需要注意的是在架设下一榀工字钢时,需要将工字钢紧贴连接型钢进行架设,确保连接型钢能将新架设的工字钢与上一榀工字钢连接在一起。

7.4.3　监测结果分析

图 7-12 和图 7-13 是隧道竖向位移场分布与初期支护钢拱架水平位移场分布,由于试验断面选择在 ZK37 +428 下一个开挖进尺,两个断面工程地质状况相似,因此可以选择在 ZK37 +

428断面模型上继续开展施作初期支护锁脚大管棚的计算。为验证初期支护锁脚大管棚技术的有效性以及计算模型的准确性,计算时同样考虑了围岩的蠕变效应,时间设置为14d。

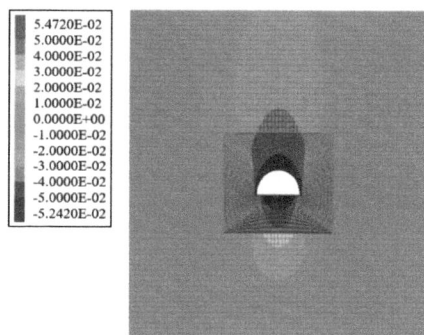

图7-12　隧道竖向位移场分布

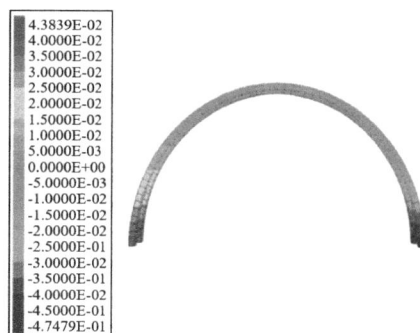

图7-13　初期支护钢拱架水平位移场分布

由图7-14、图7-15中可知,施作初期支护锁脚大管棚后的两周内,隧道的拱顶沉降和拱脚水平收敛得到了有效控制,初期支护拱顶沉降和拱脚水平收敛值最终在10cm以内,这表明初期支护锁脚大管棚的控制效果明显,有效预防了隧道大变形灾害。

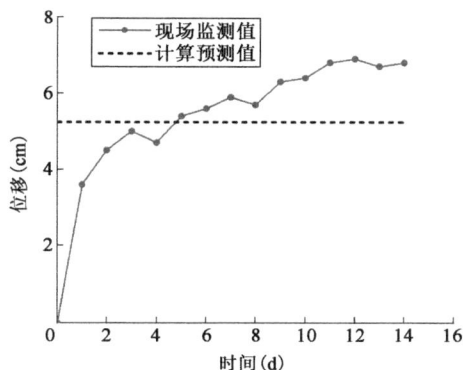

图7-14　拱顶沉降监测曲线

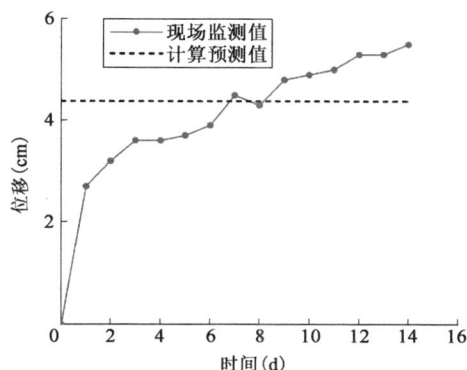

图7-15　拱脚水平收敛监测曲线

此外,图7-14、图7-15显示隧道现场的监测值与数值计算的预测值基本相同,数值计算结果显示,施作锁脚大管棚后,隧道拱顶两周的沉降为5.24cm,拱脚水平收敛为4.38cm;实际监测结果表明,隧道第14天拱顶沉降为6.84cm,拱脚水平收敛值为5.53cm,一定程度上验证了数值计算模型的准确性。

第8章 隧道仰拱变形、开裂治理工程实践

本章结合某高速公路隧道在全风化砂页岩地段仰拱发生沉降及变形开裂工程实践,根据本书的理论研究,分析总结隧道仰拱变形、开裂治理工程实践经验,以期为后续类似工程提供参考。

8.1 工程概况

某隧道为双线分离式隧道,其起止桩号为 ZK35 + 035 ~ ZK38 + 245、YK35 + 050 ~ YK38 + 270,隧道左线 3210m,右线 3220m,属于公路特长隧道。隧道左洞最大埋深 317m,右洞 330m,工程地质条件复杂。开挖过程中发现围岩基本上是全风化砂页岩,呈现黄色、红色、灰色,岩石中的矿物主要由以水云母为主的黏土矿物组成,岩性极软弱,强度低,手捏呈粉土状,有滑感、起光面,黏聚性及水理性质差,遇水易软化。施工中遇到不良地质主要表现为富水软弱围岩、溶洞、不明巷道、断裂带和浅埋偏压等。施工中出现过边仰坡失稳、掉块、掌子面坍塌、溶腔、冒顶、巷道涌水、初期支护大变形及侵限、仰拱纵轴线向开裂等问题。

2020 年 8 月 10 日,右洞 YK37 + 388 ~ YK37 + 328 段(支护参数为 I18 工字钢,间距 75cm,仰拱底至仰拱填充顶面 125cm,仰拱初期支护采用普通混凝土浇筑,施工时间 6 月 25 日 ~ 7 月 25 日)沉降观测数据显示初期支护沉降变形加剧,且拱架连接板处初期支护混凝土起壳剥落,在破除混凝土补喷过程中,发现局部节段工字钢扭曲变形;经进一步现场排查,发现该段仰拱不同程度轴线方向开裂,最大缝宽约 7mm,经冲洗仰拱泥巴后详细排查,发现隧道产生仰拱裂缝三段,合计约 168m。隧道掌子面围岩及仰拱开裂情况如图 8-1、图 8-2 所示。

图 8-1　掌子面围岩

图 8-2　仰拱开裂情况

8.2　现场病害调查

8.2.1　仰拱地质雷达扫描检查

针对隧道出口右洞 YK37 + 325 ~ YK37 + 388 及左洞 ZK37 + 440 ~ ZK37 + 455 段仰拱在中轴线位置出现不同程度的纵向贯穿裂缝。隧道检测组对 YK37 + 325 ~ YK37 + 388、ZK37 + 440 ~ ZK37 + 455 段进行雷达扫描检查,同时作为对比,对 YK37 + 460 ~ YK37 + 480 仰拱完好的段落进行雷达扫描检查。检测路线布置图如图 8-3 所示,其中测线 ZJ 代表仰拱中轴线位置纵向测线,测线 Z 代表仰拱偏左测线,测线 Y 代表仰拱偏右测线。

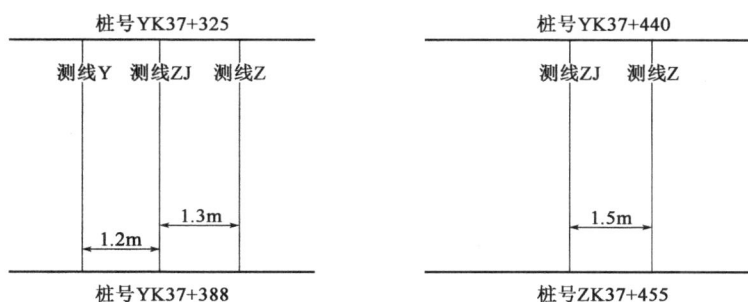

图 8-3　仰拱裂缝检测路线布置图

仰拱地质雷达扫描情况如图 8-4 所示,具体分析如下:

(1) YK37 + 364 ~ YK37 + 368 范围内中测线 ZJ 在 85 ~ 90cm 深度位置、右测线 Y 在 70 ~ 80cm 深度位置、左测线 Z 在 75 ~ 80cm 深度位置均出现一明显的层界面信号,且雷达反射波较为强烈,推断 YK37 + 364 ~ YK37 + 368 范围内中测线 ZJ 在 85 ~ 90cm 深度位置、右测线 Y 在 70 ~ 80cm 深度位置、左测线 Z 在 75 ~ 80cm 深度位置为仰拱回填层与仰拱二次衬砌钢筋层顶面分界线(该段落仰拱中轴线回填层设计厚度为 84cm),且上述深度位置可能存在回填轻微不密实或富含水的情况。

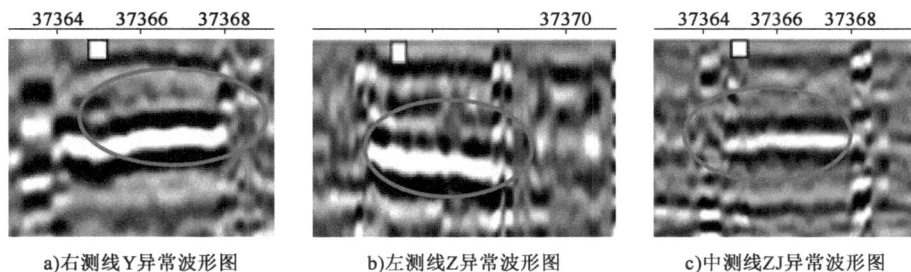

a)右测线 Y 异常波形图　　　　b)左测线 Z 异常波形图　　　　c)中测线 ZJ 异常波形图

图 8-4　仰拱地质雷达扫描情况

(2)除上述异常段落外,通过对仰拱出现裂缝的 YK37 + 325 ~ YK37 + 388、ZK37 + 440 ~ ZK37 + 455 段落与仰拱完好的 YK37 + 460 ~ YK37 + 480 段落雷达波形图对比,发现其余所测测线仰拱回填层无明显的回填不密实情况,YK37+325~YK37+388 仰拱雷达波形图如图 8-5 所示,ZK37+440~ZK37+455 仰拱雷达波形图如图 8-6 所示。

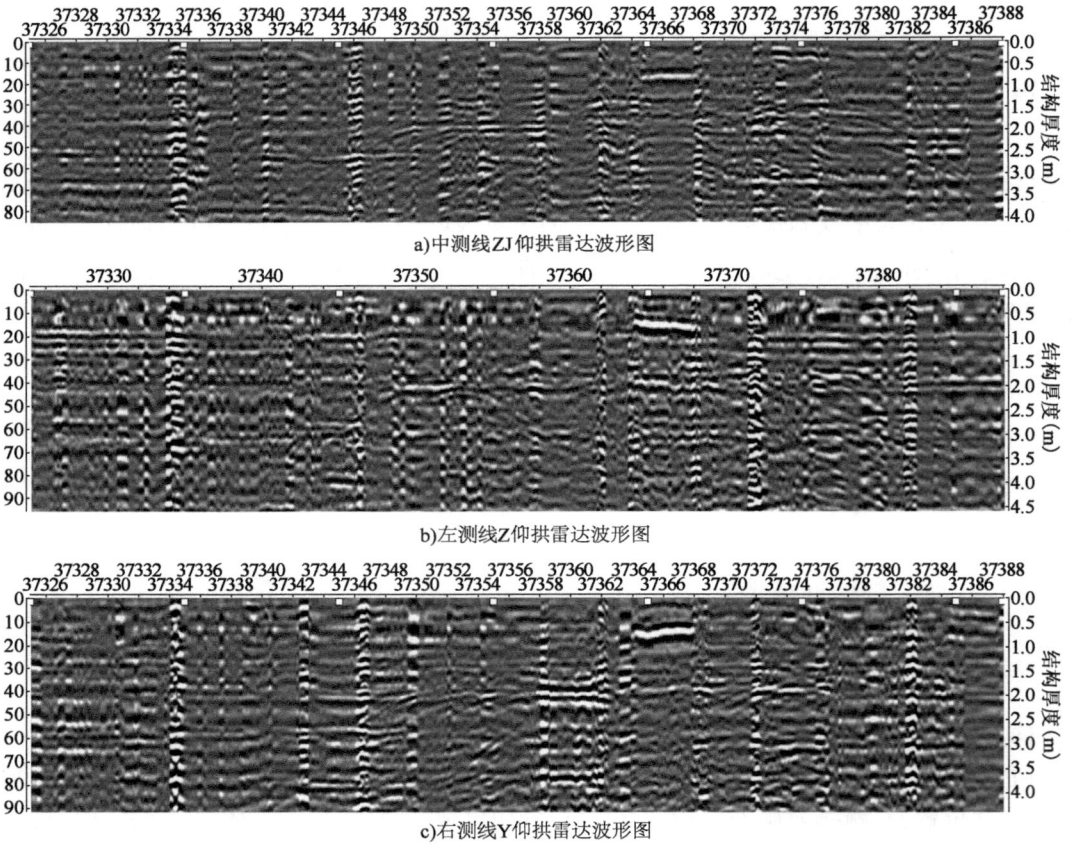

a)中测线 ZJ 仰拱雷达波形图

b)左测线 Z 仰拱雷达波形图

c)右测线 Y 仰拱雷达波形图

图 8-5　YK37+325~YK37+388 仰拱雷达波形图

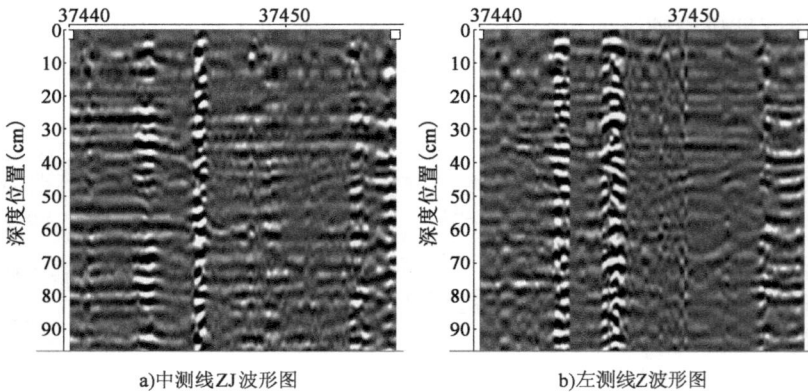

a)中测线 ZJ 波形图

b)左测线 Z 波形图

图 8-6　ZK37+440~ZK37+455 仰拱雷达波形图

（3）本次仰拱雷达波速按照隧道二次衬砌标定波速 0.102m/ns 计算。受雷达扫描检查有效范围及仰拱设计结构层的影响,本次探测仅对 0~1m 范围内的仰拱回填层情况进行分析,且探测现场仰拱表面局部轻微积水、潮湿对雷达扫描检查结果有一定的干扰和影响。

(4)建议在 YK37+364~YK37+368 范围仰拱中轴线位置挑 1 个点进行取芯,验证仰拱回填层厚度及回填密实情况。

8.2.2 现场取芯排查

通过对右洞仰拱开裂处(图 8-7)钻孔取芯验证,进一步查看裂缝深度及分布情况。现场以裂缝为中心,共取芯 3 处,深度 60cm(取芯机最大取深 60cm),芯样均为裂开状(图 8-8)。后续对仰拱采用地质钻进行取芯,揭示裂缝已贯穿至仰拱底,开裂较为严重。仰拱裂缝分布情况详见表 8-1。

图 8-7 仰拱裂缝

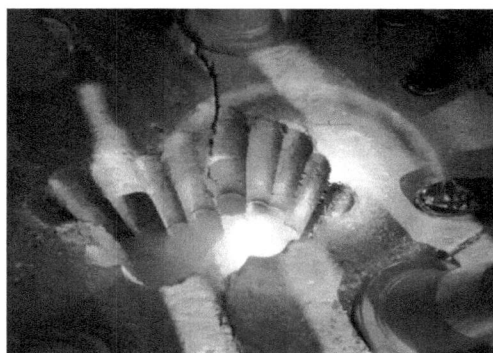

图 8-8 仰拱裂缝处取芯情况

隧道仰拱裂缝分布情况表　　　　　　　　　　　　　表 8-1

序号	里程	长度(m)	支护类型	开裂方向
1	YK37+388 – YK37+322	66	FS5b(I18 工字钢@75cm)	沿隧道纵轴线
2	ZK37+453 – ZK37+417	36	FS5c(I20 工字钢@50cm)	沿隧道纵轴线
3	ZK37+275 – ZK37+341	66	FS5c(I20 工字钢@50cm)	沿隧道纵轴线

8.3 病害原因分析

隧址区地质构造复杂,断裂构造发育,隧道先后经过 4 条区域性断层(F1、F4、F9、F10)、6 条小断层或派生小断层、2 条岩性分界线。断层破碎带岩体风化破碎程度高、胶结差、岩体强度低,在构造作用下容易产生碎胀从而导致变形发生。同时,断层破碎带、岩溶空隙、地下水径流及积蓄相组合,施工期间地表降水相对较多,导致隧道地下水丰富。

根据现场施工地质成果调查,隧道出口段已开挖揭露的围岩以砂页岩为主,夹绿泥石砂岩,局部为石炭系灰岩。由于岩石风化强烈,除局部为中风化岩外,基本为全风化至强风化岩,且以全风化岩为多。强风化岩破碎软弱,全风化岩似土状,含水云母及绢云母,手捏有滑感,起光面,结构松散,岩性极软弱,黏聚性及水理性质差,具有较明显的胀缩性,岩体遇水易崩解变形。洞顶常见滴水,地下水活跃,全风化、强风化岩属 V 类围岩,稳定性极差。

隧道开挖后,破坏了原来的地下水循环系统和围岩原有的应力平衡,由于全风化砂页岩强度低,难以承受上部岩土体自重应力,导致围岩产生应力松弛蠕动变形,具有变形快、持续时间长等特点,多表现为拱腰处向洞内鼓出,仰拱下在中间部分向上鼓起;拱顶应力松弛变形也会在一定的范围内使原来的微裂隙张开程度加大,导致拱顶不远处的少量地下水在水压力及重力作用下沿微裂隙缓慢且不均匀下渗至隧道围岩,水理性质极差的全风化砂页岩遇水后产生大面积变形,从而导致初期支护出现较大的变形和仰拱的纵向开裂。

仰拱两侧因受到上部结构约束而变形较小,仰拱中心无约束,为受力薄弱位置,所受弯矩较大,最终导致仰拱结构形成"W"形的压弯破坏。随着接触压力的不断增大,裂缝逐步沿纵向发展和竖向贯通,仰拱开裂原因示意如图 8-9 所示。

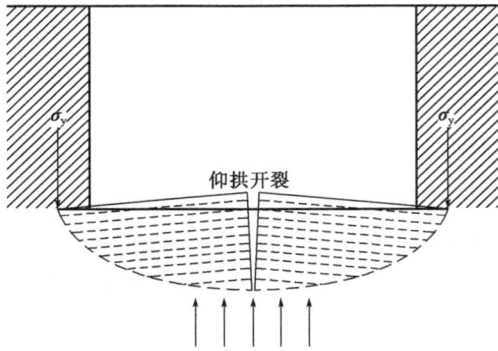

图8-9　仰拱开裂原因示意图

8.4　主要处置措施

8.4.1　强化围岩支护措施

隧道掌子面掘进过程中,预留变形量适当增大,暂定为 30cm,并根据监控量测结果及时调整。超前支护采用 ϕ108mm×6mm 管棚,环向间距 50cm,拱部 120°范围附近布置,每环 33 根;管棚每循环施作长度 15m,纵向搭接 3m。初期支护采用 I25a 工字钢,间距 50cm;初期支护喷混凝土调整为 32cm 厚 C30 纤维喷混凝土,钢筋网采用 ϕ8mm 钢筋网。上、中、下台阶钢拱架均增设 6m 长 ϕ89mm×5mm 大管锁脚,锁脚数量和位置由设计出图;钢拱架在锁脚位置采用 I12a 工字钢纵向连接,与大管锁脚焊接成整体。二次衬砌采用 55cm 厚 C30 防水钢筋混凝土,环向主筋采用 ϕ22mm HRB400 钢筋,间距 16.67cm(每延米 6 根)。

8.4.2　未开裂段仰拱地基加固

未避免后续段落出现仰拱开裂情况,对于后续施工段落,仰拱开挖施工前,仰拱范围内打设长 5m 的 ϕ42mm 小导管,间距 1.0m×1.0m,并注浆加固仰拱底地基,提高地基承载力;注浆压力控制在 0.5~1MPa。仰拱初期支护采用喷射混凝土,快速闭合成环。

8.4.3　开裂段仰拱整体性强化

为保障工程质量,并最大程度地保证隧道后期的运营安全,如采用拆除重做仰拱方案,因隧址区地质岩性极其软弱,炮机凿除和爆破拆除过程中震动较大,周边初期支护发生混凝土脱落,对已施工支护结构扰动影响较严重,且在有钢筋的仰拱段落,药量必须加大,对已施工二次衬砌影响大。因此,采用钢花管注浆的方式加固治理,对开裂仰拱洞段基底的极软弱围岩进行预加固,改善围岩的力学性质,提高地基强度,同时注浆管与系统锚杆形成环形稳定支护,可优化仰拱受力。

对已开裂仰拱段施打竖向钢花管,采用 5m 长 ϕ89mm×5mm 注浆钢花管加固(内插 3 根 ϕ22mm 螺钢),间距 1.0m×1.0m(纵向×环向)梅花形布置,并注浆加固基底。采取措施增强仰拱的整体性,可采用仰拱填充面开槽,在填充混凝土区域配置工字钢或钢筋加强,重新浇筑 C30 填充混凝土。开槽前,在二次衬砌两侧拱脚及仰拱中轴线位置处打设边墙拱脚,采用 ϕ89mm 钢花管锁定,预埋工字钢与注浆钢管焊接成整体,并与充填混凝土内的工字钢或钢筋连接成整体。

加强仰拱开裂段围岩裂隙水封堵,在开裂段及围岩变化处采用注浆形式设置堵水墙,并在堵水墙上游设排水系统。并沿仰拱裂缝增设纵向、横向排水管,从而达到全面处治仰拱开裂的问题。

8.4.4　路面结构层整体性强化

路面结构级配碎石层调整为钢筋混凝土结构,可适当在裂缝两端延长。仰拱存在裂缝段落,路面混凝土面板由 C25 素混凝土调整为 C25 钢筋混凝土,钢筋采用 D10 钢筋网片。

8.4.5　强化超前地质预报和监控量测

施工过程中,严格遵循"短进尺、强支护、早封闭"的原则进行施工。加强超前地质预报,并对围岩、初期支护和二次衬砌的变形及应力进行监测,依据变化情况,动态调整设计。

8.5　治理效果

按照上述方案对现场仰拱进行系统性的治理后,特别是注浆加固后,根据现场试验情况,隧道仰拱附近的围岩荷载传递特性明显改善,较注浆加固前,仰拱基底围岩的强度和稳定性得以显著提升;动静荷载试验过程中荷载传递规律趋于稳定,压力变化幅度增大,仰拱基底围岩强度、整体性和荷载传递性显著增强。

施工过程中,布设断面对裂缝进行持续监测,以评价衬砌开裂的治理效果。主要监测内容为裂缝是否继续发展和是否产生新裂缝,监测过程中对部分典型裂缝进行标识。通过监测及观察发现,裂缝长度方向基本没有变化,裂缝宽度监测结果变化不大,后续逐渐趋于稳定,由此可知仰拱开裂治理效果良好。

参 考 文 献

[1] 中华人民共和国交通运输部.2020 年交通运输行业发展统计公报[EB/OL]. https://
xxgk. mot. gov. cn/2020/jigou/zhghs/202105/t20210517_3593412. html,2021-05-19.

[2] 李喆,江媛,姜礼杰,等.我国隧道和地下工程施工技术与装备发展战略研究[J].隧道建
设(中英文),2021,41(10):1717-1732.

[3] 陈玉.共和隧道围岩大变形机制及防治措施研究[D].重庆:重庆大学,2008.

[4] 刘光明.软弱破碎围岩隧道大变形机理及控制措施研究[D].长沙:中南大学,2012.

[5] 李文江.软弱围岩隧道变形特征与控制技术研究[D].成都:西南交通大学,2012.

[6] 张宇.深部巷道蠕变大变形失稳机理与控制技术研究[D].徐州:中国矿业大学,2019.

[7] 魏来,刘钦,黄沛.高地应力软岩隧道大变形机理及控制对策研究综述[J].公路,2017,62
(7):297-306.

[8] AYDAN O,AKAGI T,KAWAMOTO T. The squeezing potential of rocks around tunnels: Theo-
ry and prediction[J]. Rock Mechanics and Rock Engineering,1993,26(2):137-163.

[9] ANAGNOSTOU G. A model for swelling rock in tunnelling[J]. Rock Mechanics and Rock
Engineering,1993,26(4):307-331.

[10] 陈宗基,康文法,黄杰藩.岩石的封闭应力、蠕变和扩容及本构方程[J].岩石力学与工程
学报,1991(4):299-312.

[11] 姜云,李永林,李天斌,等.隧道工程围岩大变形类型与机制研究[J].地质灾害与环境保
护,2004(4):46-51.

[12] 刘志春,朱永全,李文江,等.挤压性围岩隧道大变形机理及分级标准研究[J].岩土工程
学报,2008(5):690-697.

[13] 夏述光,葛勇,李涛,等.竹山隧道大变形特征及机理研究[J].铁道建筑,2013(6):
50-52.

[14] 李刚,申金雷,李广贺,等.水岩耦合作用对软岩巷道变形影响的数值模拟[J].安全与环
境学报,2016,16(5):146-150.

[15] 张治国,程志翔,汪嘉程,等.考虑渗流影响的深埋隧道围岩-衬砌相互作用研究[J].隧
道建设(中英文),2021,41(S1):108-121.

[16] 袁光明,张传朋,刘健.含水软岩巷道大变形破坏机理及耦合支护技术研究与应用[J].
煤炭技术,2017,36(5):117-120.

[17] 陈秀义.高地应力状态下硬质碎裂岩隧道变形机理研究[J].铁道标准设计,2017,61
(11):56-60.

[18] 杨忠民,高永涛,吴顺川,等.隧道大变形机制及处治关键技术模型试验研究[J].岩土力
学,2018,39(12):4482-4492.

[19] 吴树元,程勇,谢全敏,等.西藏米拉山隧道围岩大变形成因分析[J].现代隧道技术,
2019,56(4):69-73.

[20] BIAN K,LIU J,LIU Z P,et al. Mechanisms of large deformation in soft rock tunnels: a case
study of huangjiazhai tunnel[J]. Bulletin of Engineering Geology and the Environment,2019,

78(1):431-444.

[21] 张广泽,冯君,易勇进,等.隧道大变形机理及分类分级探讨[J].铁道标准设计,2020,64 (10):77-82.

[22] LIU D J, ZUO J P, WANG J, et al. Large deformation mechanism and concrete-filled steel tubular support control technology of soft rock roadway:a case study[J]. Engineering Failure Analysis,2020,116:1-19.

[23] 孙钧.岩石流变力学及其工程应用研究的若干进展[J].岩石力学与工程学报,2007, (6):1081-1106.

[24] OKUBO S,NISHIMATSU Y,FUKUI K. Complete creep curves under uniaxial compression [J]. International Journal of Rock Mechanics and Mining Sciences & Geomechanics Abstracts,1991,28(1):77-82.

[25] MARANINI E,BRIGNOLI M. Creep behaviour of a weak rock: experimental characterization [J]. International Journal of Rock Mechanics and Mining Sciences,1999,36(1):127-138.

[26] 朱合华,叶斌.饱水状态下隧道围岩蠕变力学性质的试验研究[J].岩石力学与工程学报,2002(12):1791-1796.

[27] 陈渠,西田和范,岩本健,等.沉积软岩的三轴蠕变实验研究及分析评价[J].岩石力学与工程学报,2003(6):905-912.

[28] 黄明.含水泥质粉砂岩蠕变特性及其在软岩隧道稳定性分析中的应用研究[D].重庆:重庆大学,2010.

[29] 高焱,朱永全,张智勇,等.全风化花岗岩力学性能试验及蠕变参数反演[J].施工技术,2016,45(S2):112-116.

[30] 吕志涛,吴庚林,靳晓光,等.隧道膨胀性围岩蠕变特性分析及参数反演[J].地下空间与工程学报,2016,12(6):1504-1510.

[31] 张涛,梁冰,王俊光,等.片麻岩蠕变力学特性及蠕变模型研究[J].实验力学,2019,34 (1):176-182.

[32] 钱文喜,耿大新,梁国卿.围岩蠕变对运营隧道衬砌安全性的影响[J].公路交通科技,2020,37(9):90-96.

[33] 邵珠山,靳冬冬,陈浩哲,等.含水状态对石英砂岩单轴分级蠕变性能影响研究[J].应用力学学报,2021,38(5):1839-1845.

[34] 宋勇军,张磊涛,任建喜,等.冻融环境下红砂岩三轴蠕变特性及其模型研究[J].岩土工程学报,2021,43(5):841-849.

[35] 王永岩,王鸿伟,崔立桩,等.温度-围压共同作用的软岩蠕变模型及试验验证[J].应用力学学报,2020,37(6):2561-2566,2705.

[36] 张志强,朱星宇,刘新华.橄榄岩蠕变特性及本构模型研究[J].岩石力学与工程学报,2022,41(8):1525-1535.

[37] 孙晓明,缪澄宇,姜铭,等.基于改进西原模型的不同含水率砂岩蠕变实验及理论研究[J].岩石力学与工程学报,2021,40(12):2411-2420.

[38] 沈才华,李雪松,胡康明.下穿隧道围岩蠕变对地下人防工程底板受力及变形影响研究

[J]. 科学技术与工程,2016,16(10):230-237.

[39] 谷拴成,黄荣宾,苏培莉. 考虑隧道围岩蠕变的复合式衬砌受力规律[J]. 交通运输工程学报,2018,18(2):53-60.

[40] 卢向勇,陈伟庚,邓皇适,等. 考虑围岩蠕变特性的隧道仰拱开挖时序性研究[J]. 铁道科学与工程学报,2020,17(4):900-907.

[41] ZHANG X Q, WEI C M, ZHANG H, et al. Analysis of surrounding rock creep effect on the long-term stability of tunnel secondary lining[J]. Shock and Vibration,2021(37):1-7.

[42] 丁增,张奇明,王恩元,等. 深部围岩蠕变特性对巷道稳定性影响数值模拟[J]. 地下空间与工程学报,2021,17(S1):404-410,432.

[43] 王天琦,张昌锁,谢东武. 考虑温度效应的板岩隧道围岩蠕变变形规律研究[J]. 河北科技大学学报,2022,43(1):90-98.

[44] BURWELL E B. Cement and clay grouting of foundations:practice of the corps of engineers [J]. Journal of Soil Mechanics and Foundations Division. 1958(84):1551/1-1551/22.

[45] MITCHELL J K. Soil improvement-state of the art[C]// Proceedings of the 10th International Conference on Soil Mechanics and Foundation Engineering. Stockholm:A. A. Balkema, 2006:509-565.

[46] KIM J S,LEE I M,JANG J H,et al. Groutability of cement-based grout with consideration of viscosity and filtration phenomenon[J]. International Journal for Numerical and Analytical Methods in Geomechanics. 2009(16):1771-1797.

[47] VNGUYEN H, REMOND S, GALLIAS J L. Influence of cement grouts composition on the rheological behavior [J]. Cement and Concrete Research,2011(3):292-300.

[48] ŞAHMARAN M,ÖZKAN N,KESKIN S B,et al. Evaluation of natural zeolite as a viscosity-modifying agent for cement-based grouts[J]. Cement and Concrete Research, 2008 (7): 930-937.

[49] PARK C K,NOH M H,PARK T H. Rheological properties of cementitious materials containing mineral admixtures[J]. Cement and Concrete Research, 2005 (5): 842-849.

[50] 沈崇棠,刘鹤年. 非牛顿流体力学及其应用[M]. 北京:高等教育出版社,1989.

[51] Rahman M, Håkansson U, Wiklund J. In-line rheological measurements of cement grouts: effects of water/cement ratio and hydration[J]. Tunnelling and Underground Space Technology. 2015, 45:34-42.

[52] 阮文军. 注浆扩散与浆液若干基本性能研究[J]. 岩土工程学报,2005(1):69-73.

[53] 李术才,韩伟伟,张庆松,等. 地下工程动水注浆速凝浆液黏度时变特性研究[J]. 岩石力学与工程学报,2013(1):1-7.

[54] 刘泉声,卢超波,刘滨,等. 考虑温度及水化时间效应的水泥浆液流变特性研究[J]. 岩石力学与工程学报,2014(S2):3730-3740.

[55] AKBULUT S,SAGLAMER A. Estimating the groutability of granular soils:a new approach [J]. Tunnelling and Underground Space Technology. 2002(4):371-380.

[56] 邝键政,昝月稳,王杰,等. 岩土工程注浆理论与工程实例[M]. 北京:科学出版社,2001.

[57] 吴望一.流体力学[M].北京:北京大学出版社,2004.

[58] 李志鹏.断层软弱介质注浆扩散加固机理及工程应用[D].济南:山东大学,2015.

[59] 俞文生.隧道泥质充填断层破碎带劈裂注浆扩散机理及工程应用[D].长沙:长沙理工大学,2015.

[60] 张伟杰.隧道工程富水断层破碎带注浆加固机理及应用研究[D].济南:山东大学,2014.

[61] 李术才,张伟杰,张庆松,等.富水断裂带优势劈裂注浆机制及注浆控制方法研究[J].岩土力学,2014(3):744-752.

[62] 张忠苗,邹健.桩底劈裂注浆扩散半径和注浆压力研究[J].岩土工程学报,2008(2):181-184.

[63] 邹金锋,李亮,杨小礼.劈裂注浆扩散半径及压力衰减分析[J].水利学报,2006(3):314-319.

[64] 邹金锋.劈裂注浆机理分析及应用研究[D]长沙:中南大学,2004.

[65] MARCHI M, GOTTARDI G, SOGA A K. Fracturing pressure in clay [J]. Journal of Geotechnical and Geoenvironmental Engineering, 2014, 140(2):1-9.

[66] ALFARO M C, WONG R C K. Laboratory studies on fracturing of low- permeability soils[J]. Canadian Geotechnical Journal,2001,38(2):303-315.

[67] ANDERSEN K H, Rawlings C G, Lunne T A., et al. Estimation of hydraulic fracture pressure in clay[J]. Canadian Geotechnical Journal,1994,31(6): 817-828.

[68] ATKINSON J H, Charles J A, Mhach H K. Undrained hydraulic fracture in cavity expansion tests[J]. Proceedings, 13th International Conference on Soil Mechanics and Foundation Engineering, 1994, 3: 1009-1012.

[69] 邹金锋,童无欺,罗恒,等.基于 Hoek-Brown 强度准则的裂隙岩体劈裂注浆力学机理[J].中南大学学报(自然科学版),2013(7):2889-2896.

[70] 张庆松,李鹏,张霄,等.隧道断层泥注浆加固机制模型试验研究[J].岩石力学与工程学报,2015(5):924-934.

[71] 张伟杰,李术才,魏久传,等.富水破碎岩体帷幕注浆模型试验研究[J].岩土工程学报,2015(9):1627-1634.

[72] 张伟杰,李术才,魏久传,等.破碎围岩注浆加固体开挖稳定性及水压超载试验研究[J].中南大学学报(自然科学版),2016(6):2083-2090.

[73] RANDOLPH M F, CARTER J P, WROTH C P. Driven pile in clay the effect of installation and subsequent consolidation[J].Geotechnique, 1979, 29(4):361-393.

[74] SAGASETA C, HOULSBY G T, BURD H J. Quasistatic undrained expansion of a cylindrical cavity in clay in the presence of shaft friction and anisotropic initial stresses[C]//Proceedings of Conference on Computational Fluid and Solid Mechanics. Boston: MIT, 2003: 619-622.

[75] CHOW Y K, THE C I. A theoretical study of pileheave [J].Geotechnique, 1990, 40(1): 1-14.

[76] MABSOUT M E, TASOULAS J L. A finite element model for the simulation of pile driving[J]. International Journal for Numerical Methods in Engineering, 1994(37):257-278.

[77] 蒋明镜,沈珠江.考虑剪胀的弹脆塑性软化柱形孔扩张问题[J].河海大学学报,1996 (4):65-72.

[78] YU H S, HOULSBY G T. Finite cavity expansion in dilatant soils: loading analysis [J]. Geotechnique, 1991(2):173-183.

[79] 汪鹏程,朱向荣,方鹏飞.考虑土应变软化及剪胀特性的大应变球孔扩张的问题[J].水利学报,2004(9):78-82.

[80] 张忠苗,邹健,何景愈,等.考虑压滤效应下饱和黏土压密注浆柱扩张理论[J].浙江大学学报(工学版),2011(11):1980-1984.

[81] 王广国,杜明芳,苗兴城.压密注浆机理研究及效果检验[J].岩石力学与工程学报,2000 (5):670-673.

[82] 陈兴年,刘国彬,侯学渊.挤压注浆在上海地区的发展探讨[J].岩石力学与工程学报, 2003(3):487-489.

[83] 张忠苗,邹健,贺静漪,等.黏土中压密注浆及劈裂注浆室内模拟试验分析[J].岩土工程学报,2009(12):1818-1824.

[84] 叶飞,陈治,苟长飞,等.基于球孔扩张的盾构隧道壁后注浆压密模型[J].交通运输工程学报,2014(1):35-42.

[85] CORDING E J, Hashash Y M A, Oh J, Analysis of pillar stability of mined gas storage caverns in shale formations[J]. Eng. Geol, 2015,184(4):71-80.

[86] KAMIMURA M. Discussion on the behaviors of parallel tunnel with a small clearance[C]// Proceedings. of the 28th ITA General Assembly and World Tunnel Congress, 2002:898-906.

[87] KOBAYASHI M. Observational construction of a large sectional minimum interval twin road tunnel in urban alluvial loose sands soil[C]//Tunneling and Ground Conditions. Balkema, Rotterdam, 1994:157-164.

[88] SEO H, CHOI H, LEE I. Numerical and experimental investigation of pillar reinforcement with pressurized grouting and pre-stress[J]. Tunnelling and Underground Space Technology, 2016, 54: 135-144.

[89] 王刚.隧道富水地层帷幕注浆加固圈参数及稳定性研究[D].济南:山东大学,2014.

[90] 王传洋,杨春和,衡帅,等.压缩荷载下泥岩裂缝演化规律的 CT 试验研究[J].岩土力学, 2015(6):1591-1597.

[91] 巫尚蔚,杨春和,张超,等.基于 Weibull 模型的细粒尾矿粒径分布[J].重庆大学学报. 2016(3):1-12.

[92] 杨本生,梁苗,孙利辉,等.软弱破碎岩层大变形硐室注浆锚索支护控制试验[J].中国煤炭,2009,35(4):58-60.

[93] 武建广,刘晓翔,王新文.碳质板岩地层大断面隧道变形控制施工技术[J].现代隧道技术,2011,48(2):68-72.

[94] 付迎春.胡麻岭隧道大变形力学行为及控制技术研究[J].铁道建筑,2011(5):56-59.

[95] 王兴彬.不同工法在炭质片岩隧道大变形控制中的应用研究[J].隧道建设,2017,37 (S1):121-127.

[96] 李贵民.丽香铁路玄武岩隧道大变形段施工控制技术[J].隧道建设(中英文),2018,38 (S1):167-174.

[97] 赵志刚,吴忠仕,王伟,等.大断面浅埋黄土隧道大变形控制技术及效果分析[J].科学技术与工程,2020,20(6):2470-2477.

[98] 张文康,刘旦龙,孙大增.城郊煤矿深部巷道围岩破坏机理及主动控制技术[J].矿业安全与环保,2020,47(3):76-81,86.

[99] KONG X Y, CHEN X, TANG C A,et al. Study on large deformation control technology and engineering application of tunnel with high ground stress and weak broken surrounding rock [J]. Structural Engineering International,2020,32(3):298-306.

[100] 马栋,孙毅,王武现,等.高地应力软岩隧道大变形控制关键技术[J].隧道建设(中英文),2021,41(10):1634-1643.

[101] 杨木高.木寨岭隧道大变形控制技术[J].现代隧道技术,2019,56(2):175-181.

[102] 杜雁鹏.软质板岩隧道大变形力学行为与控制技术研究[D].长沙:中南大学,2011.

[103] SONG S W, FENG X M, LIAO C G, et al. Measures for controlling large deformations of underground caverns under high insitu stress condition:a case study of Jinping Ⅰ hydropower station[J]. Journal of Rock Mechanics and Geotechnical Engineering,2016,8(5):605-618.

[104] 李小红.挤压性围岩隧道变形控制技术研究[J].铁道建筑技术,2019(8):64-67,103.

[105] YUAN Q, CHEN S H, XIAO J, et al. Research on large deformation mechanism and countermeasures of shallow buried soft rock tunnel with abundant water[J]. IOP Conference Series：Earth and Environmental Science, 2021, 783(1):1-7.

[106] 李峰.高地应力构造破碎带隧道大变形灾变机制及控制技术研究[J].铁道科学与工程学报,2021,18(5):1222-1230.

[107] 中交第二公路勘察设计研究院.公路工程岩石试验规程:JTG E41—2005[S].北京:人民交通出版社,2005.

[108] 中华人民共和国水利部.水利水电工程岩石试验规程:SL/T 264—2020[S].北京:中国水利水电出版社,2020.

[109] DAVID Griggs. Creep of Rocks[J]. The Journal of Geology,1939,47(3):225-251.

[110] 赵晶晶.深层膏质泥岩蠕变力学特性及模型研究[D].青岛:中国石油大学(华东),2017.

[111] 池秋慧.强风化泥质砂岩强度及蠕变特性试验研究[D].郑州:华北水利水电大学,2020.

[112] 张先伟,王常明,张淑华.软土蠕变数据处理方法的对比分析[J].吉林大学学报(地球科学版),2010,40(6):1401-1408.

[113] 唐建新,腾俊洋,张闯,等.层状含水页岩蠕变特性试验研究[J].岩土力学,2018,39(S1):33-41.

[114] 姚强岭,朱柳,黄庆享,等.含水率对细粒长石岩屑砂岩蠕变特征影响试验研究[J].采矿与安全工程学报,2019,36(5):1034-1042,1051.

[115] WANG X A, LIAN B Q, FENG W K. A nonlinear creep damage model considering the effect of dry-wet cycles of rocks on reservoir bank slopes[J]. Water,2020,12(9):1-16.

[116] 万亿,陈国庆,孙祥,等.冻融后不同含水率红砂岩三轴蠕变特性及损伤模型研究[J].岩土工程学报,2021,43(8):1463-1472.

[117] 杨振伟,金爱兵,周喻,等.伯格斯模型参数调试与岩石蠕变特性颗粒流分析[J].岩土力学,2015,36(1):240-248.

[118] 鲍灵高,严标.浅埋暗挖黄土隧道围岩变形控制研究[J].贵州大学学报(自然科学版),2018,35(5):106-110.

[119] 李建旺,李康,周喻.复杂地质条件下高速公路隧道数值计算模型构建方法研究[J].公路,2020,65(1):314-319.

[120] 王涵,高永涛,李建旺.隧道穿越断层破碎带施工方案及力学效应研究[J].公路,2021,66(2):316-323.

[121] 陶志刚,罗森林,李梦楠,等.层状板岩隧道大变形控制参数优化数值模拟分析及现场试验[J].岩石力学与工程学报,2020,39(3):491-506.

[122] 龚军,唐帅尧,张丹峰,等.极高地应力软岩膨胀岩互层隧道大变形施工技术[J].隧道建设(中英文),2021,41(S2):485-493.

[123] 李建敦,肖靖,江鸿,等.浅埋软岩隧道大变形特征及控制措施[J].科学技术与工程,2022,22(3):1243-1249.

[124] 张连震,李志鹏,张庆松,等.基于土体非线性压密效应的劈裂注浆机制分析[J].岩石力学与工程学报,2016(7):1483-1493.

[125] 中华人民共和国住房和城乡建设部.土工试验方法标准:GB/T 50123—2019[S].北京:中国计划出版社,2019.

[126] 张庆松,张连震,张霄,等.基于浆液黏度时空变化的水平裂隙岩体注浆扩散机制[J].岩石力学与工程学报,2015,34(6):1198-1210.

[127] 张连震.地铁穿越砂层注浆扩散与加固机理及工程应用[D].济南:山东大学,2017.

[128] 张庆松,张连震,刘人太,等.基于"浆-土"界面应力耦合效应的劈裂注浆理论研究[J].岩土工程学报.2016(2):323-330.

[129] 李广信.土力学[M].北京:清华大学出版社,2013.

[130] 张连震.地铁穿越砂层注浆扩散与加固机理及工程应用[D].济南:山东大学,2017.